Les
secrets de la
minceur

WeightWatchers®

Les secrets de la minceur

30 ans de succès

Robert Laffont

Sommaire

Chapitre 4
Quatre semaines de menus

Chapitre 5
Les recettes

Chapitre 6
30 années de délices

Chapitre 7
Les services Weight Watchers

L'histoire de Weight Watchers est profondément marquée par des femmes. Aux États-Unis d'abord, où son initiatrice Jean Nidetch, lasse de chercher un régime efficace pour perdre définitivement son surpoids, décide, avec quelques amies, de créer une méthode fondée sur la motivation de groupe. Ce concept fonctionne si bien qu'il devient vite incontournable et s'exporte mondialement…

Weight Watchers France fête cette année les 30 ans d'un succès qui ne s'est jamais démenti. Janine Villard, la fondatrice, et Monique Bastien, la directrice générale actuelle, racontent comment leurs histoires personnelles ont porté la réussite de la méthode Weight Watchers.

La fondatrice se penche sur la genèse de cette aventure.

« Comment réagir à un coup de fil un peu inattendu ? »

Après les préliminaires d'usage, j'entends : « Savez-vous que l'année prochaine se prépare un grand événement ?… Weight Watchers France va avoir 30 ans ! » Un peu abasourdie par une telle nouvelle, je me demande bien en quoi elle me concerne.

> « **W**eight Watchers va avoir 30 ans ! »

Mais, au bout d'un moment, les souvenirs affluent d'un seul coup. La mémoire est décidément sélective…

En 30 ans, il s'en est passé des choses ! En quelques secondes, ce simple coup de fil a tout fait resurgir. Un simple clic sur la mémoire et le programme redémarre là où on l'avait laissé. 30 ans, déjà 30 ans, ce n'est pas possible !

Disserter sur le temps ne l'a jamais suspendu.

Mais se remémorer une belle histoire donne du baume au cœur et, après avoir fait face à la dure réalité du temps envolé, après le petit pincement ressenti à ce rappel de mon âge, j'ai réalisé : « Oui, c'est pourtant vrai. L'idée a fait son chemin... » Et, si depuis 30 ans elle perdure, c'est bien la confirmation de son utilité et de son efficacité. Un nombre incalculable de personnes en a bénéficié avec satisfaction et bonheur, d'autres en ont vécu grâce aux emplois créés et cela dure depuis 30 ans. C'était vraiment une bonne idée !

« La réussite de Weight Watchers passe par l'enthousiasme ! »

Mais le plus important, pour ceux qui se sont totalement investis dans cette aventure humaine, est d'avoir connu une grande fierté et une réelle satisfaction. Avec la méthode Weight Watchers, ils ont pu aller au bout d'eux-mêmes vers un but qui leur semblait insurmontable : celui d'avoir... le corps de son esprit ! Pouvoir, avec plaisir, se regarder dans une glace, se sentir bien, s'accepter, et éprouver de la fierté pour avoir enfin mené à bien un projet si souvent tenté, abandonné, renouvelé, comportant des risques, et parfois sujet à moqueries : MAIGRIR.

Bien que ce nouveau concept de « maigrir en groupe » importé des États-Unis ait été maintes fois raillé (« Jamais les Français n'accepteront cette idée de maigrir en groupe ! »), le temps et les résultats auront donné tort aux incrédules.

L'idée Weight Watchers a ceci de différent des autres méthodes d'amaigrissement qu'elle n'est pas passive, elle nous interpelle sur nous-mêmes, elle nous propose de confronter nos problèmes avec ceux des autres, d'en parler librement et de prendre conscience des mauvaises habitudes alimentaires qui nous ont conduits à cet état de surcharge pondérale, pour apprendre comment les changer. Nous sommes directement impliqués, nous nous prenons en main. Quand un membre du groupe a réussi, c'est un peu de notre propre réussite et nous nous disons : « Si lui le peut, pourquoi pas moi ? »

La réussite de Weight Watchers passe par l'enthousiasme !

L'enthousiasme, le sentiment d'entraide et la chaleur humaine ont porté la création de Weight Watchers France comme celle de Weight Watchers Europe, après avoir convaincu les

États-Unis. Peu de produits dits « de consommation », sinon aucun, peuvent prétendre reposer sur un tel respect de l'autre.

Cette idée a vu le jour aux États-Unis dans les années 1960 à l'initiative de Mrs Jean Nidetch. Très vite, elle suscite l'engouement de nos amis américains et se voit développée en société commerciale. La franchise est vendue au Royaume-Uni, ainsi qu'en Belgique et en Grèce. Il est temps d'exporter ce succès dans de bonnes conditions, donc de créer des filiales de Weight Watchers International en Europe mais…

Qui se fera porte-parole de la philosophie Weight Watchers ?

L'histoire de deux sœurs

Entre 1927 et 1931 naquirent, en France, à Paris, deux sœurs… L'aînée émigra aux États-Unis en 1958, la puînée en Haute-Savoie, à Annecy, vers 1960. Leurs vies se séparèrent un temps… Les années, les grossesses, les soucis quotidiens et les mauvaises habitudes les gratifièrent, hélas ! de quelques kilos superflus.

L'aînée, Denise Montaron, entendit parler des Weight Watchers dans la ville de Charlotte (Caroline-du-Nord), où elle vivait alors. Elle adhéra au groupe le plus proche et perdit – bien que Française et, a priori, réfractaire aux groupes – presque avec plaisir, sinon avec enthousiasme, 17 kilos ! Les lettres à sa jeune sœur avaient, en leur temps, mentionné cette perte de poids sans provoquer de réaction… La jeune sœur avait elle aussi grossi, sans en prendre encore réellement conscience.

1971. Le siège de Weight Watchers, à New York, diffuse un message vers les centres américains : « Nous recherchons parmi vos adhérent(e)s des Européen(ne)s ayant perdu, avec succès, du poids (plus de 5 kilos), parlant un bon anglais et étant intéressé(e)s par l'animation d'une réunion. Merci de les contacter et de nous informer. »

En août, à Charlotte, une adhérente de Weight Watchers reçoit un appel téléphonique du siège new-yorkais.
« Denise, félicitations pour votre perte de poids ! Seriez-vous intéressée pour rejoindre Weight Watchers Int. et partir en France superviser le lancement de Weight Watchers France ? Nous prenons le prochain avion pour vous rencontrer… »
Aussitôt dit, aussitôt fait (efficacité américaine oblige). Quelques jours plus tard, Denise donne sa réponse : « Quelle aventure ! Bien sûr que j'aimerais retourner en France, revoir ma famille, ma fille, ma sœur, faire maigrir les Français, mais… ciel, mon mari !… » L'époux franco-américain accorda généreusement à sa femme trois mois pour exporter en France l'idée de maigrir en groupe !

En septembre 1972, Weight Watchers France s'installe rue de la Michodière, à Paris. Denise Montaron, la gérante, est secondée par Sheilla et Renée, respectivement secrétaire et comptable. Trois personnes se portent bénévoles pour maigrir avec la méthode et recevoir, éventuellement, une formation d'animatrice.

« **D**enise, félicitations pour votre perte de poids ! »

La fille de Denise vit alors à Genève et sa sœur Janine tout près de là, à Annecy.
Chaque week-end, la famille se réunit, ici ou là, et la jeune sœur, bien ronde, découvre avec stupeur la ligne élancée de sa sœur aînée, sans toutefois y faire une quelconque allusion… Bien trop dépitée !

Si l'histoire de Weight Watchers est marquée par les femmes, le démarrage de Weight Watchers France l'est aussi par au moins un homme…

En 1973, l'époux de Janine rentre un soir chez lui assez perturbé. Il vient de passer une visite médicale afin d'obtenir le renouvellement de sa licence de pilote, et le diagnostic est très mauvais : tension artérielle trop élevée et excès de poids. Il sait que, s'il ne maigrit pas, il peut dire adieu à sa passion. Ce sur quoi son épouse rétorque qu'elle l'avait bien mis en garde depuis longtemps. Alors, du ton le plus doux possible, il l'invite à se regarder elle-même dans un miroir !

Vent de panique sur le couple…

Que faire ?

Où trouver un « truc » pour maigrir ?

Vous devinez la suite…

« Bien, dit la sœur, tu réunis une dizaine de personnes chez toi et je viendrai tous les vendredis soir animer la réunion » (programmée en fin de semaine pour faire concorder les réunions avec les week-ends entre Paris, Annecy et Genève).

La première réunion a donc démarré en janvier 1973 aux environs d'Annecy, dans le séjour de Janine. Sur les douze personnes invitées, cinq restèrent, ainsi que l'époux, et acceptèrent de jouer le jeu. À l'époque, le « jeu » n'était pas très attractif… Le tout premier programme alimentaire était le programme canadien (puisque rédigé en français), très éloigné de nos habitudes françaises. Le résultat fut toutefois si encourageant que les efforts déployés parurent presque anodins, et la cohésion du groupe s'avéra d'une grande efficacité (que de coups de fil échangés entre les nouveaux adeptes de la méthode !). Et… ils ont réussi : Janine perdit 14 kilos en 15 semaines et Claude son époux 28 kilos en 25 semaines ! Il y avait bien longtemps qu'ils ne s'étaient pas sentis si bien et si légers ! Et tellement enthousiastes. Plus de cholestérol, une tension artérielle redevenue normale, bref, ils se sentaient prêts à faire maigrir la France entière ! Ce qu'ils firent.

Pendant qu'à Annecy on maigrissait avec succès et que la salle de séjour devenait trop étroite, à Paris le bouche-à-oreille n'allait pas si bon train et les réunions démarraient plus lentement. Le temps passait, et la « permission » de

Denise finit par durer six mois... Il lui fallait vraiment rentrer chez elle, aux États-Unis, où son mari l'attendait... patiemment.

Les Américains auraient du mal à se passer d'elle, mais par qui la remplacer ? Denise leur parla alors de sa sœur, qui animait déjà plusieurs réunions à Annecy, et les résultats semblaient tout à fait concluants. Elle évoqua son expérience professionnelle commerciale, qui pouvait se révéler très utile. La nouvelle était bonne : « *Oh ! yes, she is OK but if she is the right person, she is not at the right place...* »

C'est ainsi que Janine Villard fut désignée pour prendre la relève et quitta ses employeurs savoyards. Elle se retrouva – pour partie – parisienne et fut nommée responsable des opérations et de la formation de Weight Watchers France, puis de Weight Watchers Suisse.

Et... l'histoire, pour elle, dura 10 ans.

La presse commençait à parler de la méthode, le bouche-à-oreille, comme toujours, faisait le reste. Les retombées furent nationales. Chaque semaine, plusieurs personnes vivant en province se déplaçaient pour Paris ou Annecy afin d'y suivre les réunions et purent ainsi, à leur tour, ouvrir de nouveaux centres dans leurs villes.

« Ils se sentaient prêts à faire maigrir la France entière ! » Après Annecy, ce fut le tour d'Aix-les-Bains, Cluses, Annemasse, Givors, Grenoble et Genève, qui accueillit Weight Watchers Suisse en 1975. Puis vinrent Nantes et sa région, jusqu'à... Bordeaux, suivies de Marseille, Lyon, Strasbourg et Lille. Paris se développa très vite à partir de 1976.

Les années suivantes connurent un succès croissant. Les programmes alimentaires s'amélioraient, constamment révisés et adaptés par d'éminents nutritionnistes et diététiciennes. Des psychologues étaient impliqués dans la formation des animatrices.

Certains diront : « Oui, mais on regrossit après. »

Tous ceux qui ont maigri il y a 30, 20, 10 ans et moins, s'insurgent contre cette idée reçue. Ce n'est pas la méthode Weight Watchers qui est en cause, c'est notre propre responsabilité.

Weight Watchers est un outil merveilleux : un programme alimentaire sain, équilibré et convivial, pédagogique et pragmatique. À nous d'en prendre conscience et de chercher à mieux nous connaître afin de comprendre pourquoi nous ne voulons, ou ne pouvons pas, utiliser cet outil comme il convient. Nous avons maigri en apprenant comment acquérir de nouvelles habitudes alimentaires. À nous de nous efforcer de continuer à les appliquer pour développer nos capacités à rester bien dans notre corps et dans notre tête.

La réussite est parfois un long apprentissage. Il arrive que l'on doive se remettre profondément en cause et à l'ouvrage.

À tous ceux qui veulent tenter l'aventure Weight Watchers : n'hésitez pas, ça marche, alors… bonne chance !

« **M**erci ici à tous ceux qui ont participé à la création de Weight Watchers France et aussi à tous les autres : collaborateurs, animatrices, secrétaires et peseuses.

Dans un premier temps, en maigrissant avec la méthode, ensuite, en s'engageant pour aider les autres à atteindre ce même objectif. »

Janine Villard, co fondatrice de Weight Watchers France

Une affaire de femmes, de transmission, de convivialité et de maturité. À l'occasion des 30 ans de Weight Watchers France, Monique Bastien, sa directrice générale, nous parle d'une « rencontre » devenue un véritable engagement. Voici son histoire…

« **J**'ai rencontré la méthode Weight Watchers dans les années 1980. »

Je croyais alors à la performance de l'exploit et je prenais le problème de poids pour une affaire personnelle. Pour cela, je crois avoir tout essayé : régime hypocalorique, Mayo, ananas, riz complet, y compris les médicaments. Tous ont déclenché une réaction d'hostilité de la part de ma famille et se soldaient invariablement par le même échec : oui, je maigrissais, mais je reprenais les kilos perdus avec un bonus de poids et de culpabilité. Jusqu'au jour où, après avoir vu une publicité, j'ai poussé par curiosité la porte d'une réunion, bien décidée à ne venir qu'une seule fois. Vingt-deux ans après, je suis toujours chez Weight Watchers France, mais en tant que directrice. Pourquoi ?

J'ai découvert le secret des réunions. Ce sont des lieux de convivialité, d'échanges, de partage et de stimulation. Je me suis sentie soutenue par des femmes qui avaient les mêmes problèmes que moi. Mais elles rayonnaient et annonçaient fièrement leurs résultats, dévoilaient leurs trucs, faisaient part de leurs efforts. Cette atmosphère positive m'a aidée à me délester de 13 kilos et, ma stabilisation finie, j'étais

Le « régime » pour maigrir a considérablement évolué.

réconciliée avec mon corps et avec la nourriture, et bien décidée en travaillant chez Weight Watchers à transmettre mon expérience à d'autres, comme l'avaient fait depuis le début les pionnières de la méthode.

Depuis 40 ans, la Société Weight Watchers a vu défiler dans ses réunions plus de 30 millions de personnes. Au démarrage de Weight Watchers, l'équilibre alimentaire s'établissait à la journée, avec à chaque repas les mêmes apports : protéines, lipides, glucides.

Petit à petit, au gré des avancées scientifiques et des enquêtes auprès des clients, le « régime » pour maigrir a considérablement évolué, en tenant compte de la culture de chaque pays. Aujourd'hui, l'équilibre se construit à la semaine et permet à chacun de maigrir selon ses goûts.

La méthode Weight Watchers s'est affinée au fil des ans et aborde maintenant l'amaigrissement dans sa dimension holistique : assiette, tête et corps.

Des services adaptés au cas par cas sont proposés par correspondance, en tête à tête, dans les entreprises, et un programme « spécial homme » a également été conçu. Sans oublier le cœur de l'activité, les réunions, que seuls ceux qui n'y sont jamais venus se permettent de décrier : oui, il y a parfois des applaudissements, mais ils sont spontanés et soutiennent une réussite pas toujours liée à la perte de poids.

Oui, les animatrices et le personnel encouragent systématiquement les participants et n'émettent jamais ni réprobation ni jugement face à un comportement « moins enthousiaste ». J'invite tous les lecteurs à venir assister à une réunion pour découvrir ce qu'est réellement Weight Watchers. Essayez l'un ou l'autre de nos services et vous serez conquis.

En France, depuis 30 ans, la méthode a acquis une réelle notoriété en matière de sérieux et d'efficacité.

Le concept est simple : l'accompagnement de l'amaigrissement, doublé d'une pédagogie alimentaire et comportementale, qui peut paraître simpliste formulée ainsi : « Manger mieux et moins, et bouger plus. » Pourtant, durant toutes ces années, les régimes les plus prometteurs se sont tous avérés impuissants, souvent dangereux, car ne respectant pas certains paramètres, telles l'abondance et la sédentarité de notre société moderne, ou encore la minceur canonique obligatoire qui tyrannise l'inconscient collectif féminin, comme celui des hommes.

Les animatrices et le personnel encouragent systématiquement les participants.

Le constat est grave : maigrir est une entreprise ardue et il n'existe pas de régime miracle. En revanche, il est toujours possible de s'adapter à cet environnement paradoxal et hostile.

Face à la frénésie de zapping en matière de régime miracle, Weight Watchers est fort de ses 30 ans d'expérience.

Des enquêtes régulières menées auprès de ses utilisateurs et clients potentiels (17 millions de Français veulent maigrir chaque année) le prouvent sans conteste.

La marque a su évoluer en tenant compte des recherches en nutrition et de tous les paramètres indispensables, et a réussi à élaborer une méthode d'amaigrissement sérieuse.

Pour maigrir durablement, il est nécessaire de modifier son comportement en profondeur, et cela n'est possible que grâce à un régime qui vous accompagne sur la durée, qui cultive le plaisir de manger et qui deviendra à terme une véritable hygiène de vie.

Monique Bastien,
directrice générale de Weight Watchers France

Depuis 30 ans, Weight Watchers France aide tous les candidats à la minceur et à la forme à accomplir ce challenge : maigrir sans souffrir. Ensemble, ils y parviennent. Weight Watchers France dédie donc ses 30 ans de succès à ces quelque 30 millions de personnes qui ont osé changer en profondeur, qui se sont motivées pour se réconcilier avec leur corps, pour se plaire de nouveau et vivre mieux avec les autres, mais avant tout avec elles-mêmes.

La philosophie Weight Watchers : 30 ans de succès

Problèmes de poids, problèmes d'époque

Le surpoids : un problème majeur de santé publique

Pendant longtemps, les Français pouvaient se féliciter de figurer parmi les champions de la minceur. Le fameux « paradoxe français » consistait à manger, voire dévorer, sans prendre de poids. Cette belle époque est hélas révolue. Si nous passons encore pour des gringalets auprès des Américains (entre 30 et 35 % d'obèses), voire auprès des Allemands (près de 20 %) ou des Anglais (15 %), nous savons aujourd'hui que notre population grossit inexorablement.

En France, la surcharge pondérale modérée (caractérisée par un IMC compris entre 25 et 30) concerne désormais 1 adulte sur 3 (45 % des hommes et 21 % des femmes), et l'obésité, la vraie (IMC supérieur à 30), gagne du terrain (8,5 % des hommes, 7,5 % des femmes).

Ces chiffres ont en effet subi une augmentation de 17 % en seulement 3 ans (entre 1998 et 2001). La demande d'amaigrissement n'a jamais été aussi forte, et l'obésité touche aujourd'hui de plus en plus d'enfants.

Maigrir, oui, mais pas n'importe comment

Nos kilos excédentaires sont le résultat d'un régime alimentaire bien trop riche, associé à un manque cruel d'activité physique. Dans nos sociétés d'abondance, on va remplir son Caddie en voiture ! Plus d'« entrées » d'énergie (donc de calories), et moins de « sorties » : nous stockons le superflu, donc nous grossissons.

De tout temps, les médecins ont préconisé un régime alimentaire équilibré. Aujourd'hui, il faut aller plus loin puisqu'il semble que nous ayons perdu notre « bon sens alimentaire », et que nous ne soyons plus à l'écoute des signaux que nous envoie notre organisme.

Comment renverser cette tendance ? En réapprenant à manger correctement, à faire les bons choix alimentaires, à cuisiner simplement (en évitant de nous ruer sur les snacks tout prêts qui tuent notre ligne). Aucune solution miracle n'est à attendre de toutes ces poudres de perlimpinpin, de ces régimes qui poussent chaque année dans les magazines comme des champignons et retombent comme des soufflés quelques semaines plus tard, en nous laissant les hanches généreuses et beaucoup de frustration sur le cœur.

Plus que jamais, il est nécessaire, pour maigrir bien et surtout durablement, de faire appel à des méthodes rigoureuses et validées. Mais se nourrir doit rester un plaisir naturel. Aussi est-il primordial de ne pas se frustrer en se privant de certains aliments pour ne s'autoriser que les « tristes ».

Tous pour Weight Watchers !

Les médecins, les médias, et avant tout les femmes : Weight Watchers a convaincu tout le monde, et son succès ne s'est pas démenti au fil des années, alors que 30 millions de personnes environ dans le monde ont utilisé la méthode.

Quelle plus belle preuve de réussite pourrait-on espérer ? De nombreux chercheurs reconnus, comme récemment en France le Dr France Bellisle (CNRS, Laboratoire de comportement alimentaire, unité INSERM U 341, Hôtel-Dieu, Paris, consultante Weight Watchers International), ont fait confiance à Weight Watchers et n'ont jamais hésité à recommander ce régime, dont ils connaissent et attestent le bon sens et l'efficacité.

De moins en moins de contraintes

Les modes de vie changent et s'échangent, les méthodes de cuisson se diversifient, on mange plus fréquemment hors de chez soi, on cuisine de moins en moins et de nouveaux produits alimentaires inondent sans cesse le marché.
Aujourd'hui, on peut manger chez une copine, préférer un fast-food, filer au restaurant chinois, avaler un sandwich ou piocher au rayon des produits surgelés, tout en suivant la méthode Weight Watchers et sans dévier de sa ligne de conduite. N'est-ce quand même pas plus simple ?
Et plus c'est simple, mieux ça marche et plus on persévère, sans souffrance, ni frustrations.

Que de changements en 30 ans ! Au cours de ces trois décennies, la principale évolution de la méthode Weight Watchers a consisté à y introduire tous les aliments, en créant les outils qui permettent d'évaluer facilement et rapidement leur valeur nutritionnelle, et à alléger progressivement les contraintes qui accompagnent inévitablement le suivi d'un régime.

Les raisons d'un succès

Tout s'explique...

Le succès n'est jamais le fruit du hasard, surtout quand il est aussi durable et unanime.

L'accompagnement : la clef de la réussite

Ce que Jean Nidetch, la fondatrice de Weight Watchers International, avait bien compris avant tout le monde, c'est qu'il est très difficile de maigrir seule, sans soutien ni conseils, sans personne à qui se confier vraiment, sans une oreille compréhensive pour vous écouter.

Son intuition l'a poussée à créer et à mettre en place à grande échelle un véritable réseau de femmes, professionnelles ou non, mises en relation pour simplement communiquer, partager leurs angoisses mais aussi leurs progrès. C'est ce système fondé sur l'entraide qui a fait la différence et a valu à Jean Nidetch un tel succès. Comme pour tous les groupes de soutien (alcooliques anonymes ou autres), la cohésion est essentielle pour que la motivation perdure. Toutes les participantes reconnaissent que ces réunions sont de vraies « bouées » auxquelles se raccrocher quand elles redoutent de se laisser couler. La plupart des femmes en cours d'amincissement déclarent les attendre avec impatience, comme une récompense de leurs efforts, un bon moment passé entre copines, une parenthèse chaleureuse et enrichissante. On les pèse (discrètement, comme depuis toujours : la pesée en public sous les applaudissements ou les quolibets est un mythe qui a la peau dure) et on ne les « réprimande » pas si elles n'ont pas perdu de poids (au contraire, on les encourage et on les rassure). De plus, elles reçoivent des conseils et des informations sur la nutrition et les principes de l'équilibre alimentaire.

Si les réunions ont été le pilier de départ de Weight Watchers, la méthode a su s'adapter aux modes de vie actuels, en proposant d'autres formules de suivi susceptibles d'être personnalisées (voir chapitre 10).

Dans tous les cas, les études montrent que le principe des réunions est efficace, puisque les personnes perdent davantage de poids. Une étude menée en 2000 (publiée dans *The American Journal of Medicine*) sur 423 sujets pendant 26 semaines (4 mois et demi) établit que la perte de poids était significativement plus importante (tout comme la diminution de l'indice de masse corporelle, le tour de taille et la masse adipeuse totale) chez les personnes ayant participé assidûment à des réunions proposées dans le cadre du programme Weight Watchers, que chez d'autres ayant cherché à maigrir de façon autonome.

Un programme évolutif en constante amélioration…

Régulièrement, le programme Weight Watchers est revu et amélioré, en tenant compte des dernières avancées de la recherche nutritionnelle. S'il a considérablement changé depuis sa création, ce programme est toujours resté fidèle à ce qu'il était à l'origine : une nouvelle façon de manger. L'adaptation aux découvertes scientifiques et aux nouveaux modes de vie et d'alimentation n'a pas fait dévier le cours de ses progrès : toujours plus de simplicité, de liberté et d'efficacité !

… Mais qui reste loin des effets de mode

Arrêter les sucres, ne plus consommer de graisses, se bourrer de protéines, éviter de mélanger sucres et graisses, ou sucres et protéines, etc. : en matière d'amaigrissement, on nous dit tout et son contraire. La méthode Weight Watchers, elle, se singularise en se démarquant de ces effets de mode. Toujours, elle a préconisé une abondance de fruits et de légumes, une réduction des corps gras, des protéines en quantité suffisante pour ne pas faire fondre ses muscles, une consommation contrôlée d'alcool et de sucres, et, surtout, une alimentation suffisamment variée pour n'engendrer aucune carence alimentaire. Cette ligne de conduite, la méthode Weight Watchers l'a toujours eue. Résultat : elle, au moins, ne se démode pas.

zoOM ⟪WeightWatchers·
dans toute l'Europe

Weight Watchers est implanté dans 13 pays d'Europe : Allemagne, Belgique, Danemark, Espagne, Estonie, Finlande, France, Grande-Bretagne, Lituanie, Pays-Bas, Pologne, Suède, Suisse. La méthode Weight Watchers est adaptée, dans chaque pays, à son mode de vie et à ses habitudes alimentaires, afin que chacun puisse préserver et affirmer ses particularités et ses différences.

Bien plus qu'un simple programme alimentaire

Weight Watchers ne vous abandonne pas « toute seule dans la nature » avec vos kilos, vos « petits creux » et vos angoisses. Tout du long, vous êtes entourée, conseillée, soutenue, comme par des amies. Vous vous posez des questions ? Vous avez un problème pratique que vous ne savez pas résoudre ? Les animatrices sont là pour vous aider (des lignes d'assistance téléphonique sont mises à votre disposition), ainsi que toutes les autres adhérentes : celles qui ont perdu 2 kilos comme celles qui en ont perdu 40.

Toutes ont des choses intéressantes à vous dire et sont prêtes à vous conseiller.

Ainsi, la plupart des astuces mises au point par des générations entières de candidates à l'amaigrissement sont aujourd'hui devenues célèbres parce que Weight Watchers les a intégrées dans son programme et dans ses livrets d'aide et de conseils. Pour réussir, rien de mieux que l'expérience, non ?

Une démarche vraiment pédagogique

La méthode Weight Watchers ne vous fournit pas une liste de menus à appliquer à la lettre. Elle vous propose d'opérer une véritable remise en question. Si vous avez pris du poids et que vous êtes trop gros, c'est, selon toute vraisemblance, que vous mangez trop ou mal.

Il faut donc apprendre, ou plutôt réapprendre, à manger sainement, de façon équilibrée. La modification d'un comportement alimentaire immodéré est l'objectif premier de la méthode Weight Watchers.

Au fil du régime vous sont remis 15 livrets pédagogiques. Pendant les réunions, les animatrices (qui, rappelons-le, sont toutes d'anciennes rondes qui ont maigri définitivement grâce à Weight Watchers) expliquent les bases de l'équilibre alimentaire et s'emploient à vous donner une information claire et complète : protéines, fibres, graisses cachées, sucres simples (dits « rapides ») ou complexes (« lents »), minéraux, hydratation, activité sportive, etc., n'auront plus de secrets pour vous. C'est en étant au fait de ces connaissances que l'on parvient à mieux faire face, en commettant moins d'erreurs.

Tout le monde peut s'accorder à dire que cette méthode est plus convaincante que la distribution de photocopies de menus stricts, accompagnée d'un impersonnel « Mangez ça, et revenez me voir la semaine prochaine », comme certains médecins ou diététiciennes le pratiquent, hélas ! encore…

Des kilos perdus pour de bon

- Maigrir, c'est facile, avec un peu (beaucoup) de volonté. On se serre la ceinture, on engloutit des sachets-repas et des légumes à l'eau, on se prive en serrant les dents, etc. Ici, il ne s'agit surtout pas de se sacrifier, mais au contraire de développer la capacité de conserver son poids, sans reprendre les kilos envolés.
- On peut alors parler de transformation positive du comportement alimentaire.

C'est pourquoi le programme Weight Watchers comprend une phase de stabilisation incontournable et essentielle, échelonnée sur 6 semaines, le temps d'intégrer le poids à atteindre, dans sa tête et à long terme, tout en augmentant progressivement sa consommation alimentaire.

Au cours de cette période clef, l'adhérent continue de bénéficier du soutien de toute l'équipe, et à la fin, il a acquis un ensemble de comportements qui lui permettent de maintenir son poids dans des limites raisonnables.

Weight Watchers France : 30 ans, le bel âge !

- **1963** Jean Nidetch, 40 ans, un mari charmant et deux enfants, David et Richard, vit à Long Island, aux États-Unis. Depuis longtemps, Jean souffre de problèmes de poids, qui se sont accentués avec ses deux grossesses, à tel point qu'elle est médicalement considérée comme obèse.

La mode des rondeurs et de la féminité exacerbée, qui prévalait depuis l'après-guerre, est désormais révolue et la sveltesse est élevée au rang de canon : chacun envie la ligne saine et irréprochable du couple Kennedy. Cette fois encore, Jean tente de maigrir, mais elle n'aura plus recours aux méthodes farfelues souvent expérimentées à l'époque (sudisette, médicaments, machines infernales censées mobiliser les graisses, etc.) : elle mangera simplement équilibré.

En milieu hospitalier, entourée de médecins, tout se passe bien. Mais le retour dans son univers familier la laisse démunie et face à ses pulsions et à son réfrigérateur, loin des bons conseils et des préceptes inébranlables des médecins. Elle prend alors conscience que la nourriture n'est pas l'objet de son manque : c'est de dialogue et de chaleur humaine dont elle a besoin pour supporter son état, pour ne plus se sentir isolée avec ses kilos et surmonter cette épreuve. Désormais, elle accepte de partager ses combats et son sacrifice avec d'autres. Elle commence par contacter celles de ses amies qui, comme elle, se sont laissé envahir par le surpoids. Habituellement, elles se retrouvent pour jouer au majong. Mais ce jour-là, elles sont quelques-unes à se réunir dans le salon de Jean pour parler poids et minceur. Rendez-vous est pris pour la semaine suivante. Huit jours plus tard, cinq autres femmes viennent se joindre à la discussion. Au bout de deux mois, elles sont plus de quarante ! La location d'une salle de réunion s'impose d'urgence.

Mais elles ont avant tout la preuve que la méthode fonctionne vraiment, car toutes mincissent. Jean décide alors de fonder « Weight Watchers International », en collaboration avec des médecins et des psychologues, et propose d'emblée un régime efficace, riche en protéines, appauvri en sucres et en graisses. Le moral des troupes est excellent, les bons résultats sont flagrants, la rumeur s'ébruite… la popularité n'est pas loin.

- **1964** Jean s'investit chaque jour davantage dans son nouveau rôle. Mince, enthousiaste, débordante d'énergie, elle rayonne et sait faire partager sa force et sa volonté.

  Les réunions s'organisent. Les femmes y sont pesées (déjà discrètement). Elles ont perdu du poids ? On les félicite. Elles stagnent ? « Courage, les console Jean, vous verrez, la semaine prochaine, vous aurez maigri… » Chacune se sent prise en considération, entourée, et le bouche-à-oreille fait le reste.

- **1965** Les réunions hebdomadaires de Weight Watchers International se sont répandues comme une traînée de poudre dans tous les États-Unis ! La méthode fonctionne à merveille, et les séances sont plus économiques qu'une place de cinéma (2 $ à l'époque).

- **1970** La mode est maintenant aux mannequins longilignes et androgynes. La minceur devient une obsession, de plus en plus de femmes veulent perdre du poids et la cote de Weight Watchers International ne cesse de grimper. Jean devient une personnalité connue, qui anime son propre talk-show et présente des émissions de cuisine légère à la télévision.

  Weight Watchers International publie son premier « Cook Book » (livre de cuisine) et lance son magazine.

- **1973** La consécration : Jean inaugure le « Weight Watchers Square » à New York, et nous fêtons la naissance de Weight Watchers France !

- **1978** Weight Watchers commercialise ses premiers plats cuisinés légers aux États-Unis.

- **1987** Le principe est immuable, la méthode s'appelle « Départ Minceur ». Elle offre à chaque femme un choix de menus, soit trois repas complets par jour, en même temps qu'un système d'échanges qui s'adapte autant que possible aux goûts personnels de chacune.

  Weight Watchers est maintenant présent partout en Europe.

- **1997** Sarah Ferguson, duchesse d'York, devient le porte-parole de Weight Watchers International.
  La méthode « 1-2-3 Succès » est lancée.

- **2000** Encore plus facile, et plus ludique ! Weight Watchers célèbre à sa façon le début du XXIe siècle avec une innovation concluante, mise en place à l'échelle européenne, vraiment convaincante, le programme « à Points ».

- **2003** Weight Watchers France fête ses 30 ans de succès.
  Et sa grande sœur, Weight Watchers International, ses 40 ans.

2

Chaque personne qui franchit la porte
d'un centre Weight Watchers,
ou qui choisit d'utiliser la méthode
Weight Watchers, entreprend
une démarche légitime.
Ses motivations, qu'elles soient bonnes
ou mauvaises, lui appartiennent.
Elles sont fonction de son histoire
pondérale, de son vécu, mais aussi
de son âge, de son mode de vie
ou de sa personnalité.
Quelles sont les vôtres ?

Maigrir, oui, mais pourquoi ?

Une question de poids

Qui est gros(se) ?

Une femme sur deux souhaite maigrir. Selon une étude menée par Weight Watchers en partenariat avec l'institut BVA, 50,4 % des femmes âgées de 25 à 60 ans répondaient par l'affirmative à la question : « Souhaitez-vous perdre du poids ? »

Mais si une femme sur deux se trouve trop grosse et aimerait bien se délester de quelques kilos, dans les faits, les femmes françaises s'en sortent plutôt bien avec leur poids.

En effet, si aux États-Unis, on recense entre 30 et 35 % d'obèses (IMC supérieur à 30), près de 20 % en Allemagne, près de 15 % au Royaume-Uni et près de 10 % aux Pays-Bas, on dénombre aujourd'hui en France 7,5 % de femmes obèses et 8,5 % d'hommes*. Reste que le ministère de la Santé s'est alarmé car les chiffres de l'obésité, s'ils ne sont pas encore dramatiques, ne sauraient tarder à le devenir rapidement. Pour preuve, cette augmentation record de 17 % en trois ans (entre 1998 et 2001).

Les régions françaises les plus touchées par l'obésité sont :
- le Nord-Pas-de-Calais : 12,7 % d'obèses ;
- la Haute-Normandie : 10,2 % ;
- la Champagne-Ardenne : 10,1 % ;
- l'Auvergne : 10,4 % ;
- le Languedoc-Roussillon : 10 %.

À l'inverse, les régions de France où l'on est le plus mince sont :
- l'Île-de-France : 6,7 % d'obèses ;
- la Bretagne : 6,4 % ;
- les Pays de la Loire : 6,6 % ;
- la Franche-Comté : 6 % ;
- la région PACA : 6,4 %.

L'étude de la population française révèle que 65 % des individus (hommes et femmes confondus) ne rencontrent pas de réel problème de poids.

---

* Source : *Obesity in Europe*, 1995.

Quelques dangers du surpoids

Parce qu'il peut être associé à la sédentarité, à un excès de cholestérol, à l'hypertension artérielle, voire au diabète dit « gras », le surpoids peut être nocif pour la santé. Si un excès de 3 kilos est sans conséquences autres qu'esthétiques, les surpoids importants sont souvent suivis d'une cohorte de problèmes.

Ainsi, on observe trois fois plus d'hypertension artérielle traitée chez les personnes en surpoids et quatre fois plus chez les obèses. De même, on observe trois fois et demie plus de diabétiques chez les personnes en surpoids et sept fois plus chez les obèses. En outre, l'excès de poids fatigue le cœur, qui ne profite d'aucun entraînement physique chez ces personnes sédentaires. Le cœur est par conséquent plus sujet aux accidents. Des problèmes vasculaires, articulaires, respiratoires, ainsi que des troubles du sommeil, peuvent être ajoutés à la liste des complications de santé liées au surpoids.

Comment les femmes vivent-elles leurs kilos superflus ?

Un tout récent sondage, réalisé par Ipsos Santé pour la société Abott France sur un panel de 1 000 personnes (hommes et femmes) souffrant de surpoids, permet à l'observateur d'identifier leurs difficultés et leurs inquiétudes.

Toutes ces personnes présentaient un IMC supérieur à 25 et souffraient soit de léger surpoids, soit de surpoids avéré ou même d'obésité. Parmi elles, 46 % avouaient ressentir des périodes de tristesse ou un sentiment de dépression, 33 % disaient traverser des périodes de solitude et 37 % éprouvaient une profonde souffrance.

Mais, plus encore que l'inconfort psychologique, les personnes interrogées se plaignaient des retentissements physiques de leur surpoids.

Ainsi, 47 % accusaient leurs kilos excédentaires d'augmenter leur fatigue, 39 % reconnaissaient qu'ils les perturbaient dans la pratique d'un sport et 19 % qu'ils constituaient une gêne dans leur vie quotidienne. Pourtant, tous savent combien perdre du poids peut être nécessaire, malgré les difficultés.

En outre, 85 % des personnes obèses disaient avoir déjà envisagé de perdre du poids, de même que 77 % des personnes en surpoids avéré et 74 % des individus en surpoids léger. Les femmes se sentaient bien plus concernées puisque celles présentant un léger surpoids affirmaient plus souvent leur envie de perdre du poids que les hommes obèses.

Quels sont les obstacles au régime ?

Pour plus de la moitié des personnes interrogées (57 % exactement), perdre du poids signifie « ne plus manger ce que l'on veut ». Certains (27 %) invoquent l'irritabilité et l'agressivité, d'autres la perte d'une forme de liberté (14 %) ou le risque de dépression (18 %). Ces craintes sont accrues quand d'autres régimes ont échoué.

Enfin, 47 % des personnes interrogées expriment leur tendance à interrompre de façon anticipée leur régime (frustration oblige, sans doute), et 57 % reconnaissent avoir bien du mal à le suivre scrupuleusement.

ZOOM WeightWatchers
les kilos de la féminité

Chez la femme, les plus grands facteurs de prise de poids sont les modifications hormonales physiologiques qui surviennent pendant la grossesse et à la ménopause. Près de la moitié des femmes prennent alors du poids : en moyenne 8 kilos. Contraception, maternités, arrêt de l'activité physique ou du tabac, puis ménopause, une femme prend en moyenne 10 kilos entre 20 et 50 ans. Elle voit son Indice de Masse Corporelle (IMC) augmenter de 4 points.

Maigrir ? Est-ce vraiment nécessaire pour moi ?

L'Indice de Masse Corporelle (IMC)

Encore appelé indice de Quetelet, et mieux connu aujourd'hui sous le terme anglo-saxon de BMI (Body Mass Index), il permet de comparer des poids entre eux en neutralisant l'effet de la taille. Il détermine, selon des normes médicales, où se situe le poids de la personne étudiée, par rapport à son poids dit « normal ». La formule qui permet de calculer cet indice est reconnue par les médecins du monde entier.

Vous pouvez le calculer très simplement : il est égal au chiffre de votre poids (en kilos) divisé par le chiffre de votre taille élevé au carré (en mètres).

Ainsi, une femme qui mesure 1,64 m et pèse 60 kilos a un IMC de : 60 / (1,64 x 1,64) = 22,3. Cet index est valable pour les hommes et les femmes.

IMC inférieur à 25

Vous êtes dans la norme, votre poids est considéré comme parfaitement normal (à l'instar de 63,3 % de la population).

Si pourtant votre poids ne vous satisfait pas, libre à vous de vouloir mincir, mais sachez que la raison en est strictement esthétique et non médicale.

Quoi qu'il en soit, ne cherchez jamais à descendre en dessous d'un IMC de 18 : ce serait réellement dangereux pour votre santé.

IMC compris entre 25 et 30

Vous êtes en surpoids (28,5 % de la population). Cet excédent peut présenter un danger pour la santé à partir du moment où il est accompagné de troubles physiques.

Dans ce cas seulement, il est impératif de maigrir. Sinon, la décision de perdre du poids n'est pas obligatoire, elle dépend de chacun et chacune.

IMC compris entre 30 et 35

Vous souffrez d'obésité que l'on appelle modérée (comme 6,8 % de la population). Il vous faut absolument perdre du poids.

IMC compris entre 35 et 40

Vous souffrez d'obésité sérieuse (1,1 % de la population). La nécessité d'amaigrissement peut être vitale.

IMC supérieur à 40

Votre obésité est considérée comme très grave (0,3 % de la population) et présente un réel danger (on parle d'obésité morbide).

Quels sont vos risques de prendre du poids ?

Plus vous totalisez de points, plus vous courez de risques de prendre quelques kilos. Surveillez-vous, et rapprochez vos résultats de votre IMC et de votre poids pour décider de la conduite à tenir.

Vous fumez et vous avez l'intention d'arrêter.
oui : 1 point / non : 0 point

Vous faites régulièrement du sport.
oui : 0 point / non : 1 point

Vous êtes du genre stressé.
oui : 1 point / non : 0 point

Vous étiez du genre « joufflu » avant 5 ans.
oui : 1 point / non : 0 point

Vous suivez un traitement médical.
oui : 1 point / non : 0 point

Vous mangez en moins de 20 minutes.
oui : 1 point / non : 0 point

Vous sautez fréquemment des repas.
oui : 1 point / non : 0 point

Votre bilan personnel

- Si votre poids est considéré comme normal dans notre tableau de poids de forme (ou que votre IMC est compris entre 18 et 25), vous pouvez cependant vous sentir mal dans votre peau et désirer perdre du poids. On sait que deux personnes de poids et de taille identiques peuvent avoir un physique très différent, selon qu'elles sont musclées ou non (le muscle pèse plus lourd que la graisse), et selon leur morphologie de base. L'ossature est notamment plus ou moins fine ou charpentée. Résultat : ce n'est pas toujours harmonieux, en particulier chez les jeunes filles qui se voient conseiller un IMC situé entre 18 et 23. Sachez que l'on peut tout à fait suivre le régime Weight Watchers pour perdre seulement 3 kilos.
- Dès que votre IMC dépasse 25, vous pouvez perdre du poids, puisque vous êtes en surcharge pondérale. Ce n'est une obligation qu'à partir du moment où elle affecte votre santé. Fixez vous-même vos objectifs.
- Avec un IMC supérieur à 30, il est impératif que vous perdiez du poids pour réduire les risques que vous encourez en matière de santé.

Important :

Weight Watchers vous déconseille vivement de vouloir atteindre un IMC inférieur à 18. Cet excès inverse présenterait un danger pour votre santé.

Vos kilos pèsent-ils lourd sur votre santé ?

Vous avez quelques kilos « de marge » ? Il est important pour vous de savoir si ce surpoids peut mettre en péril votre santé. Pour cela, calculez votre rapport taille hanches, à l'aide d'un mètre de couturière. Mesurez d'abord votre tour de taille au niveau du nombril, puis votre tour de hanches (à l'endroit où elles sont le plus larges). Divisez ensuite votre tour de taille par votre tour de hanches, ces deux données étant exprimées en centimètres.

- Le rapport se situe entre 0,64 et 0,85 : c'est normal, vous ne courez aucun risque particulier. Si votre IMC est supérieur à 25, libre à vous de maigrir quand même.

- Le rapport est supérieur à 0,85 : votre graisse corporelle est répartie de façon dite « androïde » (autour de la taille), et elle vous prédispose à des complications physiques, notamment sur le plan cardio-vasculaire : il vous faut vraiment perdre du poids.

Attention au « poids idéal » !

« Jamais assez riche, jamais assez mince. » Ce véritable slogan que l'on doit à la duchesse de Windsor reflète-t-il votre opinion, du moins en ce qui concerne votre poids ?

Les phénomènes de mode, les corps exposés (mais trafiqués) à outrance à travers le prisme de la publicité diffusée sans relâche nous conditionnent à penser que l'épanouissement n'est possible que dans l'extrême minceur, à tel point que notre image d'un corps féminin désirable s'en trouve littéralement déformée.

Aussi, beaucoup de femmes fantasment-elles un poids idéalisé, absolument impossible à atteindre pour elles, car directement inspiré par les silhouettes de certains mannequins, dits androgynes ou anorexiques, qui affichent une extrême minceur, pour ne pas dire une maigreur extrême.

Pourquoi accepter de se laisser gouverner par les diktats de la mode ?

Ce qu'il faudrait en revanche accepter, c'est que notre poids génétiquement programmé (ce que les spécialistes nomment le « set-point ») est parfois bien plus élevé qu'on ne le souhaiterait, et qu'il n'est donc pas forcément synonyme de minceur : certains et certaines sont naturellement programmés pour être ronds, voire gros.

Se maintenir en dessous de ce poids génétique leur sera possible, mais momentanément, quasiment jamais définitivement. L'une des idées reçues les plus répandues prétend que beauté, et donc minceur, sont accessibles à tous si l'on s'en donne les moyens, notamment en contrôlant son alimentation, c'est-à-dire en mangeant moins que notre appétit ne nous le suggère. Or ce n'est pas la quantité qui fait toute la différence. Ce « set-point » existe, même s'il se situe parfois bien plus haut qu'on ne le voudrait.

Le travail à accomplir relève alors plus de l'acceptation de son corps que d'une énième tentative d'amaigrissement, surtout si elle est injustifiée.

Quelques erreurs à éviter absolument :

- Vouloir mincir si vous n'en avez pas besoin.

- Vouloir atteindre un poids idéal – selon vous ou les barèmes – qui ne corresponde ni à votre histoire ni à votre morphologie.

- Vous mettre au régime sans réfléchir, sans vous connaître suffisamment.

- Choisir une méthode rapide ne nécessitant aucun effort. Pour perdre du poids et rester mince en se stabilisant, les secrets de la réussite sont ceux de Weight Watchers : manger équilibré, bouger, trouver un équilibre psychologique… et faire preuve d'un zeste de patience !

- Refuser de changer certains de vos comportements face à la nourriture.

---

10 bonnes raisons de perdre du poids

1   Être à son poids de forme présente beaucoup d'avantages d'un point de vue médical : vous réduisez très sensiblement les risques de pathologie cardio-vasculaire et de diabète dit « gras », une maladie en inquiétante augmentation dans nos pays d'abondance alimentaire.

2   Vous allez enfin pouvoir acheter et porter tous les vêtements qui vous plaisent vraiment, et ne plus devoir vous contenter de ceux dans lesquels vous pouvez vous glisser. À vous la mode et le shopping !

3   Vous n'aurez plus de complexes en maillot de bain sur la plage ou à la piscine, et vous vous sentirez plus sûr(e) de vous, moins vulnérable au regard des autres.

4   Au restaurant, vous n'aurez plus la désagréable sensation que tout le monde a les yeux rivés sur votre assiette ou votre silhouette.

5   Vous serez plus agile et plus leste, vous bougerez avec plus d'aisance et vos enfants seront ravis de vous voir enfin participer à leurs jeux !

6   Vous vous sentirez en forme, plus résistant(e) et débordant(e) d'énergie !

7   Vous vous sentirez plus séduisant(e), plus sûr(e) de vous et vos relations avec les autres s'en trouveront simplifiées et plus agréables.

8   Vous ne fuirez enfin plus l'objectif et vous ne vous détesterez plus en voyant les photos de vous.

9   Vous pourrez vous remettre au sport pour le plaisir. Quand on se sent très mal dans son corps, comme gêné(e) aux entournures, ce n'est pas facile de démarrer une activité physique, d'enfiler un short et de réapprendre à se bouger.

10   Vous découvrirez une nouvelle facette de votre personnalité et ferez émerger une nouvelle personne de son cocon : vous !

C'est mon choix : je veux maigrir

Maigrir, oui, mais de combien ? Définir son projet

Un poids bien choisi est déterminant pour l'avenir, c'est-à-dire pour ne plus regrossir ensuite. Si vous vous voyez « trop maigre », si vous perdez trop de poids par rapport à votre poids de forme, à celui qui vous correspond physiologiquement (même si ce n'est pas celui que vous idéalisez), vous augmentez non seulement la difficulté, mais vous multipliez aussi vos risques de reprendre des kilos. Un projet raisonnable vise un poids réaliste, un poids propre à la personne concernée, qui ne néglige pas son parcours, son « histoire pondérale » en quelque sorte.

Observez les tableaux : pour une même taille, les variations de poids possibles (de poids « normal », bien sûr) sont importantes. C'est à vous de choisir, en tenant compte de votre âge, de votre morphologie et de votre histoire : si vous n'avez jamais pesé 52 kilos, même à 25 ans, et que vous en ayez aujourd'hui 45, pourquoi vouloir les atteindre ? Ce poids ne vous correspond sans doute pas. À l'inverse, si vous pesez 90 kilos, vous pourrez vous sentir en harmonie (physique et mentale) en descendant à 70 kilos, même si, d'après le barème, vous devriez plutôt peser 60 kilos. Rien ne prouve en effet qu'une « course aux kilos » excessive ne se solderait pas par un échec sur toute la ligne.

Comment choisir le bon poids ?

Déterminer un objectif précis en termes de kilos, avant même de démarrer la méthode, n'est pas si facile : au cours de votre régime, votre objectif changera sans doute, c'est très fréquent. Mais vous pouvez tout simplement vous motiver pour tel ou tel vêtement que vous portiez 5 ans plus tôt et que vous voulez enfiler à nouveau, pour un jean qui dort dans votre placard, pour pouvoir tout simplement porter du 40, ou encore retrouver votre poids d'avant vos grossesses, et pourquoi pas celui de votre mariage. Par la suite, vous pourrez faire évoluer votre projet tout à loisir, si besoin est.

Peut-être, une fois votre poids idéal atteint, souhaiterez-vous perdre encore un ou deux kilos. Ou bien, à l'inverse, déciderez-vous en cours de route de vous arrêter à un poids supérieur à celui fixé initialement, simplement parce qu'aujourd'hui, vous vous sentez bien. Libre à vous… Efforcez-vous cependant de vous fixer des objectifs, pour ne pas partir à l'aveuglette : on ne peut pas démarrer un projet dans les meilleures conditions quand on ne sait pas où l'on va.

> **Conseil :** ne vous fixez surtout pas pour but un poids trop bas que vous savez par avance ne pas réussir à maintenir (par exemple, un poids inférieur à votre poids le plus faible). Accordez-vous une marge d'erreur pour pouvoir regrossir un peu : c'est le premier pas vers une vraie reprise de poids.

Test : Quelle mangeuse êtes-vous ?

« Dis-moi ce que tu manges, je te dirai qui tu es », dit le proverbe. Répondez à nos questions et faites votre bilan pré-régime.

1 Pour vous, bien manger, c'est :
   a : Un plaisir bon pour la santé
   b : Une contrainte ou un souci

2 De quand date votre dernier yaourt ?
   a : Du dernier repas
   b : Euh… Ça vous échappe !

3 Les fruits et légumes, vous en mangez ?
   a : Quand vous y pensez, ou en vous forçant
   b : À chaque repas, évidemment !

4 À midi, sur le pouce, vous avalez :
   a : Sandwich thon-mayonnaise + éclair au chocolat + coca
   b : Salade composée + yaourt et fruit

5 Vous cuisinez surtout :
   a : Vapeur ou grillé
   b : Frit ou en sauce

6 Vous êtes plutôt tenté(e) par :
   a : Des sushis japonais arrosés de thé
   b : Un petit salé aux lentilles avec un pichet de vin

7 Le petit déjeuner, pour vous, c'est :
   a : Essentiel et équilibré
   b : Une formalité expédiée à la va-vite

8 Avez-vous tendance au grignotage ?
   a : Oui
   b : Non

9 Les aliments gras et sucrés (viennoiseries, etc.) :
   a : C'est votre péché mignon
   b : Ce n'est pas votre tasse de thé

10 Sautez-vous des repas ?
   a : Jamais
   b : Souvent

11 Avez-vous un cuit-vapeur ou des feuilles de cuisson ?
   a : Oui, ou vous avez prévu cet achat
   b : Non

12 Au restaurant chinois, vous choisissez :
   a : Nems + travers de porc et riz cantonais
     + gâteau aux amandes
   b : Rouleau de printemps + brochette de poulet et riz
     nature + mangue ou sorbet

13 Vos vinaigrettes, vous les préparez comment ?
   a : Yaourt à 0 % + herbes et jus de citron
   b : Une cuillère de vinaigre pour 4 d'huile

14 Les sodas :
   a : Vous savez que vous en abusez
   b : Du light, sinon rien

15 Le plateau de fromages arrive :
   a : Votre régal : camembert + pain beurré
     + 1 verre de bon vin
   b : Pas tous les jours, c'est trop gras

Calcul des points

Si vous avez répondu :

b : à la question **1**, comptez 1 point
b : à la question **2**, comptez 1 point
a : à la question **3**, comptez 1 point
a : à la question **4**, comptez 1 point
b : à la question **5**, comptez 1 point
b : à la question **6**, comptez 1 point
b : à la question **7**, comptez 1 point

a : à la question **8**, comptez 1 point
a : à la question **9**, comptez 1 point
b : à la question **10**, comptez 1 point
b : à la question **11**, comptez 1 point
a : à la question **12**, comptez 1 point
b : à la question **13**, comptez 1 point
a : à la question **14**, comptez 1 point
a : à la question **15**, comptez 1 point

Comptez 0 point pour les autres réponses.

Vos résultats

Vous avez entre 0 et 4 points
Vous êtes une MANGEUSE AVERTIE.
Vous connaissez parfaitement les règles de la diététique.

Pourquoi voulez-vous maigrir ? Soit vous n'en avez pas vraiment besoin. Dans ce cas, sachez que vous pouvez perturber votre santé si vous devenez trop maigre. Soit vous accusez tout de même un excès de poids et vous n'êtes donc pas si rigoureuse que ne le laisse entendre ce test, ce qui signifie sans doute que vous êtes avertie – mais seulement un jour sur deux – ou que vous craquez trop fréquemment, parce que votre attitude est probablement un peu trop excessive. Jamais de gras, peu de sucre, cuisine vapeur… Ne soyez pas si intransigeante et n'oubliez pas de vous faire plaisir, sinon, rien d'étonnant à ce que votre frustration vous amène de temps en temps à assouvir un besoin de vengeance. Et dans ce cas quand vous attrapez la tablette de chocolat, ou la baguette et le camembert, vous devez faire un malheur ! Il n'est donc pas étonnant que votre silhouette en pâtisse. La méthode Weight Watchers va vous aider à vous équilibrer.

Vous avez entre 5 et 9 points
Vous êtes une MANGEUSE RAISONNABLE. Pas si mal. Vous savez ce qui est bon pour vous et ce qui l'est moins.

Cela ne vous empêche pas de profiter d'un bon plateau de fromages, ou de vous offrir une petite douceur. Attention cependant, vous avez peut-être tendance à multiplier les écarts, ou à manger trop d'aliments dont vous pensez, à tort, qu'ils ne font pas grossir ! Rassurez-vous, comme vous êtes plutôt raisonnable, avec la méthode Weight Watchers, perdre vos kilos excédentaires ne sera pas très difficile.

Vous avez 10 points et plus
Vous êtes une MANGEUSE ANARCHIQUE.
Au moins, vous savez pourquoi vous avez du poids à perdre : vous aimez trop profiter des plaisirs de la table !

Gras, sucres, alcool, vous ne vous privez jamais de rien. Mais vous n'avez pas une bonne hygiène alimentaire et mangez un peu n'importe quoi (vous sautez des repas pour mincir puis grignotez), n'importe quand, sans prêter attention à l'équilibre de vos repas. Et les fruits, les légumes et les laitages ? Retrouvez avec Weight Watchers le goût de manger équilibré et gai, et vous verrez vos kilos superflus s'envoler sans douleur.

3

« Je me sens trop gros(se) pour bouger »,
« Je n'ai pas fait de gymnastique depuis
des années », « Je n'ai pas de chaussures
de sport », « Je n'ai pas le temps », « Je n'ai
pas le courage », « Je vais être ridicule » :
stop aux mauvais arguments !
Si vous avez pris du poids, c'est que vous avez
consommé plus d'énergie que vous n'en avez
brûlé. Changez d'équilibre ! Mincir ne sera plus
une course d'obstacles si vous vous y tenez.
Nous vous expliquons ici pourquoi et comment.
N'oubliez pas que l'activité physique vous aidera
à vous réconcilier avec votre corps et que vous
pourriez y prendre goût.
Alors, démarrez en douceur, mais pour de bon.
Un, deux, trois… partez !

Bougez !

Sport, pourquoi, comment et lequel ?

Du sport, mais pour quoi faire ?

Pour mincir, contrôler ses apports alimentaires est une chose, mais augmenter ses dépenses d'énergie est largement aussi important. Pratiquer une activité sportive contribue à accélérer la perte de poids quand on suit un régime, tout simplement parce que les muscles, en travaillant, puisent l'énergie dont ils ont besoin dans le tissu adipeux.

Les muscles se tonifient, se raffermissent, et peu à peu la silhouette se redessine. Sur le plan médical, le cœur réapprend à travailler, l'organisme gagne en endurance, et la tension artérielle se régularise. De plus, le sport contribue à diminuer notre stress, à décharger nos tensions, à nous préserver de l'ostéoporose, à mieux dormir, et à nous redonner le moral ! Enfin, n'oubliez pas que la pratique du sport vous aidera à garder la ligne et à stabiliser votre tout nouveau poids. Les commodités de notre monde moderne (voitures, ascenseurs, télécommandes, etc.) favorisent trop souvent notre immobilité et notre paresse, et de nombreux kilos sont tout simplement dus à un abus de sédentarité.

Comment choisir son activité ?

Nous l'avons vu, les bonnes raisons ne manquent pas de se mettre, ou de se remettre, au sport. Cependant, la motivation est parfois difficile à trouver. Essayez donc de choisir une activité qui vous plaise : si vous choisissez un sport qui vous barbe, nul doute que vous ne tiendrez pas 10 séances ! Voici quelques conseils pour vous aider :

- Il serait bien étonnant que vous ne trouviez pas un sport qui ne vous tente au moins un petit peu !

- N'hésitez pas à jouer la carte de l'originalité : nul ne vous oblige à faire de la gymnastique traditionnelle. Aujourd'hui, on peut pratiquer un très grand nombre d'activités « insolites » un peu partout en France, et pas seulement à Paris.

- Essayez de ne pas vous lancer seul(e), mais plutôt d'entraîner avec vous un(e) ami(e) du genre actif : vous vous motiverez mutuellement en cas de baisse de forme. Et puis, c'est souvent plus sympathique, surtout au début, quand on ne connaît personne.

- Si vous vous sentez encore trop rond(e) et complexé(e) pour vous lancer maintenant, évitez les sports trop « déshabillés » comme la natation, la gym ou le basket, et préférez-en d'autres plus « vêtus » : randonnée, vélo, golf, marche ou équitation, par exemple.

- Avant de souscrire un quelconque abonnement dans un club, faites toujours une séance d'essai, pour ne pas regretter votre choix par la suite, et juger de l'ambiance du cours, car c'est une notion importante.

- Choisissez un sport qui soit en plein accord avec votre tempérament : actif et tonique (squash), ou plus calme (golf), voire zen (yoga), seul(e) ou en groupe.

- Équipez-vous : investir fait partie du plaisir, et sera une motivation supplémentaire pour vous bouger. Ne vous sentez pas pour autant obligé(e) de dépenser des fortunes : on peut souvent acheter du matériel d'occasion à moindre prix.

zoOM WeightWatchers

Les Français pas très « accros » au sport !

Enquête Sofrès/CFLHTA (Comité français de lutte contre l'hypertension artérielle) réalisée en 2002 sur un panel de 2 500 personnes de plus de 35 ans.

Les 4 principaux moyens que les Français utilisent pour se dépenser sont :
- la gymnastique, la culture physique ou la danse (33 %) ;
- le vélo ou le jogging (25 %) ;
- la natation (18 %) ;
- la randonnée pédestre ou le golf (17 %).

Les 3 principales raisons invoquées pour l'arrêt du sport sont :
- le manque de temps (50 %) ;
- les raisons familiales (31 %) ;
- l'absence d'amis pour pratiquer (21 %).

Les Français reprendraient ou débuteraient une activité sportive pour :
- se sentir en forme (47 %) ;
- par plaisir ou par envie (37 %) ;
- pour lutter contre le vieillissement (25 %) ;
- pour prévenir ou soigner un problème de santé (25 %) ;
- sur les conseils d'un médecin ou pour évacuer le stress (24 %).

À quel rythme pratiquer son activité ?

On recommande dans l'idéal 2 ou 3 séances par semaine, chacune étant suivie à un rythme modéré. Cela vous semble insurmontable ? Vous pouvez dans ce cas alterner plusieurs activités, pour ne pas tomber dans la monotonie et le découragement. Ce qui est bien avec le sport, c'est que vous n'avez pas besoin d'adopter un rythme soutenu ni de choisir un sport violent pour perdre du poids ! Une activité d'endurance (c'est-à-dire à un rythme doux, mais sur une durée minimum conseillée de 40 à 45 minutes) laisse le temps au corps de puiser dans ses réserves graisseuses, et à vous de vous détendre.

En conséquence, mieux vaut aller à petite allure, pour durer longtemps !

Le but n'est pas de se fatiguer inutilement, de « suer sang et eau », mais d'y prendre du plaisir, même si cela vous semble pour le moment complètement irréaliste !

Vous êtes en train de perdre vos rondeurs superflues. Pourquoi ne pas en profiter pour vous remuscler là où vous en avez besoin, et remodeler votre silhouette ? Nous vous proposons des exercices de gymnastique efficaces, ciblés sur les zones critiques. Choisissez celle ou celles qui vous conviennent et lancez-vous ! Vous verrez vite la différence…

Redessiner sa silhouette

Buste : haut les seins !

Exercice 1

Debout, jambes écartées, empoignez de petits haltères (1 ou 2 kilos) et écartez les bras (ils doivent rester au niveau des épaules) en pliant les avant-bras (ils doivent être à l'équerre).
Puis resserrez simultanément les 2 bras jusqu'à faire toucher vos coudes devant la poitrine.

- **Débutante :** 2 séries de 10 répétitions.
- **Confirmée :** 2 séries de 15 répétitions.

Exercice 2

Debout face à un mur, posez vos mains sur celui-ci à hauteur de poitrine, espacées de la largeur des épaules, doigts légèrement orientés vers le ciel.
Pliez vos bras pour que votre visage s'approche du mur (les pieds restent bien au sol), puis poussez sur vos bras pour reprendre la position initiale, comme si vous faisiez des pompes debout.

- **Débutante :** 2 séries de 8 répétitions.
- **Confirmée :** 2 séries de 15 répétitions.

Exercice 3

Assise ou debout, joignez vos mains devant vous comme pour une prière, puis pressez-les le plus fort possible l'une contre l'autre. Tenez la position, puis relâchez.

- **Débutante :**
  tenez 4 secondes, et répétez 10 fois.
- **Confirmée :**
  tenez 8 secondes, et répétez 15 fois.

Exercice 4

Debout, joignez les mains (comme pour applaudir) les bras tendus devant vous, puis faites de même derrière votre dos, en gardant les bras bien tendus, le plus rapidement possible.

- **Débutante :**
  2 séries de 15 applaudissements devant et 15 derrière.
- **Confirmée :**
  3 séries de 20 applaudissements devant et 20 derrière.

Bras : faites-leur honneur !

Exercice 1

Une jambe vers l'avant (celle du côté opposé au bras qui travaille), le dos plat et la tête bien dans l'alignement du dos, faites aller et venir un petit haltère (de 2 kilos, ou un cartable) de l'arrière du buste vers l'avant en ne bougeant que l'avant-bras.

- **Débutante :** 2 séries de 8 répétitions de chaque côté.
- **Confirmée :** 2 séries de 12 répétitions de chaque côté.

Exercice 2

Debout, jambes écartées et très légèrement pliées, empoignez de petits haltères (2 kilos environ). Ramenez-les vers le buste, puis redescendez-les vers les cuisses en gardant les coudes au corps.

- **Débutante :** 2 séries de 8 répétitions.
- **Confirmée :** 2 séries de 12 répétitions.

Exercice 3

Assise ou debout, les pieds légèrement écartés, placez vos mains devant vous à la hauteur de vos seins (sans les toucher) et accrochez vos doigts ensemble. Tirez sur vos mains comme pour séparer vos doigts tout en résistant. Tenez quelques secondes puis relâchez.

- **Débutante :**
  tenez 4 secondes, et répétez 10 fois.
- **Confirmée :**
  tenez 8 secondes, et répétez 15 fois.

Exercice 4

Assise, main gauche sur la cuisse gauche pour vous stabiliser, empoignez un petit haltère et tendez le bras verticalement. Puis descendez la charge derrière la tête avec l'avant-bras, le coude restant fixe, comme pour aller vous gratter le haut du dos. Revenez à la position de départ.

- **Débutante :**
  1 série de 6 répétitions de chaque côté.

- **Confirmée :**
  2 séries de 8 répétitions de chaque côté.

Ventre : des abdos pas ramollos !

Exercice 1

Assise en appui sur les coudes, jambes serrées et tendues à la verticale, effectuez lentement des petits mouvements d'avant en arrière, de faible amplitude, en enroulant le bas du dos.

- **Débutante :**
  2 séries de 8 répétitions.

- **Confirmée :**
  3 séries de 12 répétitions.

Exercice 2

Allongée, mains sur les oreilles, jambes jointes et pliées, décollez vos épaules et relevez-les (sans bouger le reste du buste) en contractant le ventre, puis rallongez-vous doucement.

- **Débutante :**
  2 séries de 12 répétitions.

- **Confirmée :**
  3 séries de 20 répétitions.

Exercice 3

Allongée, les jambes serrées en l'air (perpendiculaires au buste et au sol), bras allongés et mains au sol, décollez légèrement et doucement les fesses (comme pour faire une chandelle) pour envoyer vos pieds au niveau de votre tête.

- **Débutante :**
  1 série de 12 mouvements.

- **Confirmée :**
  2 séries de 20 mouvements.

Taille : dessinez-vous une taille de guêpe !

Exercice 1

Allongée, jambes pliées et croisées l'une sur l'autre, main sur la tempe, relevez le buste pour toucher de votre coude le genou opposé (celui qui est croisé). L'autre bras reste posé au sol pour servir d'appui.

- **Débutante :**
  2 séries de 8 répétitions de chaque côté.

- **Confirmée :**
  3 séries de 15 répétitions
  de chaque côté.

Exercice 2

Allongée, jambes pliées et écartées, pliez (et relevez très légèrement) votre buste sur le côté (en gardant le menton sur la poitrine) pour aller toucher votre pied droit avec votre main droite. Recentrez-vous, puis même chose du côté gauche.

- **Débutante :** 2 séries
  de 8 répétitions de chaque côté.

- **Confirmée :** 3 séries
  de 15 répétitions de chaque côté.

Exercice 3

Debout, mains sur la taille, enchaînez 1 minute de mouvements latéraux en vous penchant alternativement vers la gauche et vers la droite. Continuez avec 1 minute de rotations du buste d'un côté puis de l'autre.

- **Débutante :** recommencez 2 fois l'enchaînement.

- **Confirmée :** recommencez 4 fois l'enchaînement.

Exercice 4

Allongée sur le dos, jambes pliées, croisez le pied gauche par-dessus le genou droit. Tendez les bras vers ce genou, puis décollez tête et épaules pour rapprocher front et genou gauche. Tenez la position en soufflant bien, puis reposez le dos.

- **Débutante :** tenez 4 secondes, 6 répétitions de chaque côté.

- **Confirmée :** tenez 8 secondes, 10 répétitions de chaque côté.

Cuisses : bétonnez vos jambes !

Exercice 1

Debout, jambes écartées, 1 barre (ou 1 manche à balai) reposant derrière les épaules (sur les trapèzes), descendez les fesses jusqu'au-dessous du niveau des genoux. Le dos doit rester droit, les fesses bien tendues vers l'arrière. Remontez en expirant.

- **Débutante :** 2 séries de 8 répétitions.

- **Confirmée :** 2 séries de 15 répétitions.

Exercice 2

Debout, jambes très écartées, dos droit et bras devant vous, fléchissez une jambe en y faisant passer le poids du corps, et en tendant l'autre. Le dos doit toujours rester droit.

- **Débutante :** 2 séries de 8 répétitions de chaque côté.
- **Confirmée :** 2 séries de 15 répétitions de chaque côté.

Exercice 3

Allongée en appui sur les avant-bras, décollez les pieds du sol de 20 cm environ. Écartez une jambe vers l'extérieur (pas trop loin quand même) puis rapprochez-la de l'axe du corps et allez la croiser de l'autre côté.

- **Débutante :** 2 séries de 8 répétitions pour chaque jambe.
- **Confirmée :** 2 séries de 10 répétitions pour chaque jambe.

Exercice 4

À genoux, pieds joints et mains aux oreilles, descendez très doucement le buste et les cuisses (en les gardant dans l'axe) pour faire toucher fesses et talons. Tenez la position une dizaine de secondes, puis remontez très lentement.

- **Débutante :** 2 séries de 8 répétitions.
- **Confirmée :** 3 séries de 10 répétitions.

Fesses : sculptez vos arrières !

Exercice 1

Un genou au sol, en appui sur les coudes, montez une jambe fléchie à l'équerre le plus haut possible, sans la lancer ni cambrer le dos.

- **Débutante :**
  2 séries de 12 répétitions de chaque côté.
- **Confirmée :**
  3 séries de 15 répétitions de chaque côté.

Exercice 2

Allongée sur le côté, en appui sur un bras, la jambe au sol pliée (pour l'équilibre), levez latéralement l'autre jambe en la gardant dans l'axe du buste, le pied orienté vers le sol.

- **Débutante :**
  2 séries de 12 répétitions de chaque côté.
- **Confirmée :**
  3 séries de 15 répétitions de chaque côté.

Exercice 3

Allongée sur le dos, mains au sol, une jambe pliée, poussez l'autre jambe vers le plafond en soulevant les fesses et en gardant le dos droit (sans cambrer). Redescendez doucement, mais pas complètement, avant de remonter.

- **Débutante :**
  2 séries de 12 répétitions
  de chaque côté.

- **Confirmée :**
  3 séries de 15 répétitions
  de chaque côté.

Exercice 4

Debout, bras tendus et pieds parallèles, descendez une jambe vers l'arrière en la fléchissant (l'autre, devant, reste à l'équerre), jusqu'à ce que le genou se rapproche du sol.

- **Débutante :**
  2 séries de 12 répétitions de chaque côté.

- **Confirmée :**
  3 séries de 12 répétitions de chaque côté.

4

Une semaine
de menus
pour le printemps

Une semaine
de menus
pour l'été

Lundi
Mardi
Mercredi
Jeudi
Vendredi
Samedi
Dimanche

Une semaine
de menus
pour l'automne

Une semaine
de menus
pour l'hiver

Quatre semaines de menus

Une semaine pour le printemps

Lundi

 Petit déjeuner *(2,5 POINTS)*
- 2 barquettes de fromage blanc à 0 % + fraises (édulcorant si désiré)
- 1 tranche de pain d'épice
- Thé ou café

 Déjeuner *(7,5 POINTS)*
- 1 steak haché à 5 % MG grillé (120 g)
- Pommes de terre nouvelles à volonté, sautées avec 2 cc d'huile (thym et gros sel)
- Haricots verts
- 12 à 15 cerises (100 g)

 Collation *(1,5 POINTS)*
- 1 barre de céréales aux fruits

 Dîner *(6,5 POINTS)*
- 1 petite tranche de foie de veau (100 g) + 1 cc de beurre à 41 % ou Papillotes de canard aux pêches (p. 97)
- 4 CS de couscous + rondelles de courgettes vapeur aux herbes de Provence
- 1 yaourt nature
- 1 poire

Mardi

 Petit déjeuner *(3,5 POINTS)*
- Le jus d'une orange pressée
- 3 biscottes
- 2 cc de matière grasse à 25 %
- 1 cc rase de confiture
- 1 tasse (10 cl) de lait demi-écrémé (ou 20 cl écrémé)
- Thé ou café

 Déjeuner *(7 POINTS)*
- 1 escalope de dinde poêlée avec 1 cc de margarine
- Fenouil nature passé dans la poêle
- 1 part (150 g) de pommes de terre boulangères ou en entrée : Poires farcies à la fourme d'Ambert (p. 74)
- 1 boule de sorbet

 Collation *(2 POINTS)*
- 2 CS ou 1 pot de riz au lait (100 g)

 Dîner *(5,5 POINTS)*
- 1 part de colin poché (120 g)
- 8 CS de jardinière de légumes (légumes frais nouveaux ou surgelés) + 1 cc de margarine
- Ananas frais
- 1 yaourt nature ou à 0 % aux fruits

Mercredi

 Petit déjeuner *(4,5 POINTS)*
- 1 bol de lait écrémé (20 cl)
- 2 petites tranches (45 à 50 g) de pain de mie grillées
- 2 cc de beurre de cacahuètes
- 1/2 pamplemousse
- Thé ou café

 Déjeuner *(6 POINTS)*
- Club sandwich (3 petites tranches de pain de mie aux céréales, soit 60 g) + 1 petit fromage allégé (à 28 %) ail et fines herbes + 1 tranche (50 g) de jambon + salade de mâche + 1 cc d'huile ou Risotto aux légumes de printemps (p. 231)
- 2 ou 3 abricots ou 1 pomme

 Collation *(0 POINT)*
- 1 jus de tomate ou de fraises

Dîner *(7,5 POINTS)*
- 1 artichaut + 2 cc de vinaigrette allégée
- 1 part de lapin (120 g) préparé avec tomates, vin blanc et champignons de Paris accompagné de sa sauce
- 4 CS de polenta nature
- 1 yaourt nature ou à 0 % aux fruits

Dimanche

 Petit déjeuner *(2,5 POINTS)*
- 1 bol de lait écrémé (20 cl)
- 4 CS de riz soufflé (20 g)
- 1/2 pamplemousse
- Thé ou café

Déjeuner *(11 POINTS)*
- Asperges + 1 cc de mayonnaise + 2 cc de jus de cuisson des asperges
- 1/2 pigeon rôti

- 5 CS de petits pois cuisinés + 1 cc d'huile + oignons blancs + 1 cœur de laitue
- 1 part de clafoutis aux cerises ou Crème bavaroise au chocolat (p. 132) + 2 biscuits à la cuiller

18 POINTS
par jour

Jeudi

3,5 POINTS **Petit déjeuner**
- 1 orange (entière ou pressée)
- 1/5 de baguette (50 g de pain)
- 2 petits fromages frais à 0 %
- 1 tasse de lait écrémé (10 cl) ou 1 CS de lait demi-écrémé en poudre
- Thé ou café

6 POINTS **Déjeuner**

- Radis + 1/10 de baguette (25 g de pain) + 1 cc de margarine (ou 2 cc à 41 %)
- 1 sole + 1 cc d'huile
- Chou-fleur nature
- 1 pot de flan vanille au caramel

1 POINT **Collation**
- 1 petite crêpe maison + 1 cc rase de sucre ou de confiture

7,5 POINTS **Dîner**

- 1 œuf coque + asperges en mouillettes
- 1/2 boîte de raviolis sauce italienne (200 g) + 2 cc de parmesan ou Blanquette de poisson (p. 142)
- 1/10 de baguette (25 g de pain)
- Fraises

Vendredi

4 POINTS **Petit déjeuner**
- 1 petit pain au lait (30 g)
- 1 yaourt à 0 % aux fruits
- Thé ou café

8,5 POINTS **Déjeuner**
- 1 rouleau de printemps avec sa sauce
- Crevettes sautées (250 g entières) + 1 cc d'huile + ail + 1 pincée de gingembre en poudre + germes de soja frais (ou poêlée de légumes surgelés nature, au choix)
- 4 CS de riz nature
- 1/2 mangue

1 POINT **Collation**

- 1 tasse de cappuccino

4,5 POINTS **Dîner**
- Romaine (salade) + 2 cc de crème fraîche (ou 4 cc à 15 %) + sel et poivre
- 1 tranche de rôti de veau (60 g) avec des carottes nouvelles + 1 tranche de pain (25 g)
- 1 faisselle de fromage blanc à 0 % (100 g) + 1 cc rase de sucre

Samedi

3 POINTS **Petit déjeuner**
- 1/8 de baguette (30 g de pain)
- 2 cc de matière grasse à 25 %
- 1 yaourt nature ou 20 cl de lait écrémé
- Clémentines
- Thé ou café

4,5 POINTS **Déjeuner**

- Concombres à la crème (1 cc de crème fraîche ou 1 CS à 15 %)
- 1 tranche de jambon dégraissé ou de volaille
- 1/5 de baguette (50 g de pain) + 4 CS de féculents
- 1 yaourt à 0 % aux fruits

1,5 POINTS **Collation**

- 1 barre de céréales aux fruits (ou ajouter 1 verre de vin au dîner)

9 POINTS **Dîner**

- 1 petite darne de saumon grillée (120 g) + 2 cc de sauce béarnaise ou Brochet au beurre blanc (p. 143) + pommes de terre à volonté
- Brocolis vapeur
- Salade de fruits (1/2 banane + ananas + fraises + 1 cc de miel)

Dimanche

0,5 POINT **Collation**

- 1 pot de fromage blanc à 0 % (100 g)

4 POINTS **Dîner**

- Velouté de légumes à la tomate (fraîche ou en coulis nature)
- Pommes de terre en robe des champs ouvertes et tartinées + 2 petits St Môret Ligne & Plaisir + sel et poivre
- Fraises + 1 CS de crème Chantilly

Une semaine pour l'été

18 POINTS par jour

Lundi

(4 POINTS) Petit déjeuner
- 1 bol de lait écrémé + 2 cc de cacao non sucré
- 2 tranches de pain (50 g)
- 2 cc de matière grasse à 25 %
- 1 nectarine
- Thé ou café

(7 POINTS) Déjeuner
- Carpaccio de melon au jambon de Parme (fines tranches de melon alternées avec 60 g de jambon cru coupé en chiffonnade)
- Ratatouille à volonté (1 cc d'huile d'olive) + 4 CS de riz
- 1 yaourt nature ou à 0 %

(1,5 POINTS) Collation
- 1 barre de céréales aux fruits ou 1 barquette (100 g) de compote de fruits allégée en sucre

(5,5 POINTS) Dîner
- 1 darne de cabillaud grillée aux herbes de Provence (120 g)
- Chou-fleur et pommes de terre vapeur arrosés de 2 CS de coulis de tomate cuisiné
- 12 à 15 cerises (100 g) ou Minestrone de fruits frais (p. 165)

Mardi

(3,5 POINTS) Petit déjeuner
- 1 œuf coque + 25 g de pain
- 1 tasse de lait écrémé (10 cl) ou 1 CS de lait demi-écrémé en poudre
- 1 tranche de pastèque
- Thé ou café

(7 POINTS) Déjeuner
- Concombre + 1 cc de crème fraîche à 15 %
- 1 petite escalope de veau + 1 cc de margarine
- 4 CS de coquillettes
- 1 yaourt nature

(1 POINT) Collation
- Compote de rhubarbe sucrée avec un édulcorant + 2 biscuits secs

(6,5 POINTS) Dîner
- Pain pizza : passer sous le gril 4 fines tranches (60 g) de pain de campagne (tranché par le boulanger) recouvertes avec 2 tomates saupoudrées d'origan + 2 oignons fondus dans 1 cc d'huile + sel et poivre + 20 g de gruyère râpé
- Salade verte ou crudités au choix + 1 cc de vinaigrette (ou 2 cc si allégée)
- 1 pêche

Mercredi

(3,5 POINTS) Petit déjeuner
- 50 g de pain +1 cc de margarine ou 2 cc de beurre allégé à 41 %
- 1 tasse de lait écrémé (10 cl)
- Thé ou café

(6 POINTS) Déjeuner
- Salade : 1/4 de poivron + 2 CS de riz + 1 CS de crevettes décortiquées (30 g) + 1 cc de mayonnaise (2 cc si allégée)
- 1 tranche de rosbif (60 g)
- Haricots verts poêlés avec 15 g de lardons ou Légumes sautés au wok (p. 94)
- 1 brugnon

(1 POINT) Collation
- 1 yaourt nature + framboises (édulcorant si désiré)

(7,5 POINTS) Dîner
- 1 artichaut + 2 cc de vinaigrette légère
- Courgette farcie (farce : pulpe de la courgette + 1 tomate + 30 g de chair à saucisse revenus à la poêle, 30 mn au four) + 1/5 de baguette ou 4 CS de féculent
- 1 pot de crème dessert allégée vanille ou café
- 1 tranche de pastèque

Dimanche

(3,5 POINTS) Petit déjeuner
- 1 brugnon ou autre fruit
- 1 bol de lait écrémé (20 cl) ou 1 yaourt nature
- 2 biscottes
- 1 cc de beurre ou 2 cc à 41 %
- Thé ou café

(7,5 POINTS) Déjeuner
- Pique-nique : 1 cuisse de poulet rôti + 1 sachet individuel de chips (30 g) ou Millefeuilles de tomates et d'aubergines (p. 196)
- Tomates à la croque au sel
- 1/2 petit melon

Jeudi	Vendredi	Samedi

 Petit déjeuner (3,5 POINTS)

- 3 biscottes
- 1 cc de margarine (ou 2 cc de matière grasse à 41 %)
- 1 portion de fromage fondu allégé
- Thé ou café

(7 POINTS) **Déjeuner**

- 1 petite entrecôte grillée (120 g) ou Filet de bœuf grillé et frites de céleri (p. 74) + 1 verre de vin
- Demi-tomates persillées + 1 pomme de terre moyenne en papillote (gril ou barbecue) + 2 CS de sauce barbecue
- 1/2 melon

(1 POINT) **Collation**

- Fraises + 1 CS de chantilly

(6,5 POINTS) **Dîner**

- Crudités au choix + 2 cc de vinaigrette (4 cc si allégée)
- 2 tranches de jambon de volaille
- 50 g de pain (ou 3 CS de maïs avec les crudités)
- 1 yaourt nature ou à 0 % aux fruits

(3,5 POINTS) **Petit déjeuner**

- 1 bol de lait écrémé (20 cl)
- 2 petites tranches de pain de mie ou 1/5 de baguette (50 g)
- 2 cc rases de confiture (ou 2 cc de matière grasse à 25 %)
- Thé ou café

 (8 POINTS) **Déjeuner**

- 1/3 de concombre + 3 CS de cottage cheese ou 3 CS de fromage blanc à 20 % (100 g) + ciboulette + 2 crackers de table nature (15 g) ou 50 g de pain
- 250 g de belles crevettes (120 g décortiquées) + courgettes sautées avec 1 cc d'huile + 1 tranche de pain (25 g) ou Filets de poisson en papillote sauce « chien » (p. 128) + courgettes ou autre légume nature
- 1 pêche

(0 POINT) **Collation**

- 2 ou 3 abricots

(6,5 POINTS) **Dîner**

- 1 assiette de pâtes fraîches (250 g) avec 1 poivron grillé en lamelles dans 1 cc d'huile d'olive + ail et persil + 2 cc de parmesan
- 1 verre de vin
- 1/2 melon d'Espagne

 (3 POINTS) **Petit déjeuner**

- 2 petits-suisses à 0 % ou 1 bol de lait écrémé (20 cl)
- 2 CS de muesli ou 6 CS de corn-flakes (30 g)
- 1 pêche
- Thé ou café

(4,5 POINTS) **Déjeuner**

- 1 escalope de dinde + 1 cc de margarine
- Aubergine en papillote (coupée en 2, saupoudrée de sel, poivre et herbes de Provence, emballée dans du papier d'aluminium, 25 mn au four).
- Sauce : 1/2 yaourt nature + 1 cc d'huile d'olive + 1 filet de jus de citron (1 cc) + 1 pointe de muscade ou de piment
- 1 nectarine

(0,5 POINT) **Collation**

- 1 barquette de fromage blanc 0 % + 1 cc rase de sucre ou de confiture

(10 POINTS) **Dîner**

- Tomates + 30 g de féta au naturel + 1 cc d'huile d'olive + basilic frais ou Poires farcies au chèvre frais (p. 162) + 1/10 de baguette (25 g de pain)
- 1 côtelette d'agneau grillée
- 4 CS de couscous ou autre féculent
- 1 verre de vin rosé
- 1 boule de sorbet

Dimanche

 (1 POINT) **Collation**

- 1 bâtonnet glacé aux fruits

 (5 POINTS) **Dîner**

- Aïoli léger : haricots verts + carottes + courgettes + 2 petites pommes de terre + 1 part de colinot (120 g) + 2 cc de mayonnaise légère avec 1 pressée d'ail
- 1 yaourt à 0 % aux fruits

18 POINTS par jour

Une semaine pour l'automne

Lundi

 Petit déjeuner
- 2 barquettes de fromage blanc à 0 % (200 g) avec 2 CS de muesli
- Thé ou café

 Déjeuner
- Filet de flétan poêlé (120 g) + 1 cc d'huile
- Blettes au gratin (3 CS de béchamel + 10 g de gruyère râpé)
- 1 petite tranche de pain (25 g)
- 1 poire

 Collation
- 1 banane

Dîner
- Salade d'endives aux noix (4 cerneaux) + 1 cc de vinaigrette à l'huile de noix
- 1/8 de baguette (30 g de pain) + 1/8 de camembert ou Croquants de saucisse à la compotée de chou rouge (p. 114)
- 1 verre de vin
- 1 pomme

Mardi

 Petit déjeuner
- 1 barquette ou 3 CS de compote non sucrée (100 g)
- 2 tranches de pain de campagne (50 g) + 2 portions de St Môret Ligne & Plaisir
- Thé ou café

 Déjeuner
- Salade de pommes de terre (2 petites) + 1 tomate + 1 cc de mayonnaise (2 cc si allégée)
- 1/2 faisan ou 1 cuisse de pintade rôtis
- Choux de Bruxelles au jus de viande dégraissé
- 1 yaourt nature ou à 0 % à la vanille

 Collation
- 1 tranche de pain d'épice

 Dîner
- Poireaux vinaigrette (1 cc ou 2 cc si allégée)
- 1 tranche de jambon dégraissé ou de jambon de volaille
- 1 tranche de pain (25 g)
- 4 CS de pâtes + 2 CS de coulis de tomate nature ou Galettes de potimarron au cumin (p. 236)
- Ananas frais + 2 petits-suisses à 0 %

Mercredi

 Petit déjeuner
- 1/5 de baguette (50 g de pain)
- 1 cc rase de confiture + 1 cc de matière grasse (ou 2 cc à 40 %)
- 1 tasse de lait écrémé (10 cl)
- Thé ou café

 Déjeuner
- 1 tranche de palette de porc (60 g) ou Porc au lait, brocolis et coulis de carotte (p. 92) + 1 verre de vin
- 4 CS de lentilles et des carottes (cuites ensemble + oignon et bouquet garni)
- 1 yaourt nature ou 0 % aux fruits

Collation
- 1 pomme

 Dîner
- 1 assiette de soupe au potiron (500 g de potiron, 10 cl de lait écrémé, 1 sucre = 2 assiettes) + 2 cc de crème fraîche (ou 4 cc à 15 %)
- 1 œuf au plat + 1 cc de margarine + 1 petite tranche de pain (25 g)
- 1 petite grappe de 12 à 15 grains de raisin (100 g)

Dimanche

Petit déjeuner
- 1 bol de lait écrémé (20 cl)
- 6 CS de corn-flakes
- 2 figues fraîches (100 g)
- Thé ou café

 Déjeuner
- 2 CS de champignons à la grecque (traiteur)
- 1 part de lotte (1 cc d'huile, flamber au cognac et cuire avec vin blanc + tomates et herbes au choix)

- 4 CS de riz ou pommes de terre nature à volonté
- Brocolis ou autre légume nature
- 1 verre de vin blanc
- 1 boule de sorbet ou Ananas rôti à la vanille (p. 183)

Jeudi

 Petit déjeuner
- 50 g de pain de campagne
- 1 tranche de jambon de volaille + 1 cc de matière grasse à 40 %
- 1 tasse de lait écrémé (10 cl)
- Thé ou café

 Déjeuner
- 1 petit steak grillé (120 g)
- Haricots verts (frais, en conserve ou surgelés) + 1 cc de margarine
- 2 CS de purée de pommes de terre
- 100 g de prunes ou Pommes pochées au cidre (p. 117)

 Collation
- 1 barquette de fromage blanc à 0 % (100 g) + 1 cc rase de sucre + mûres

 Dîner
- Omelette (1 œuf) aux cèpes (ou autres champignons) + 1 cc de matière grasse
- 1 petite tranche de pain (25 g)
- Semoule aux raisins secs : 20 cl de lait écrémé + 1 CS de semoule fine (20 g) + 1 cc de raisins secs + édulcorant de cuisson

Vendredi

 Petit déjeuner
- 1 kiwi
- 2 toasts de pain de mie ou 50 g de pain frais + 1 cc de beurre (ou 2 cc à 41 %)
- 1 cc rase de confiture
- 1 tasse de lait écrémé (10 cl)
- Thé ou café

 Déjeuner
- Salade : betterave rouge + 1/4 de pomme + 2 cc de yaourt + sel et poivre + 1 pincée de cumin
- 1 part de lièvre ou de lapin chasseur ou Poulet aux 40 gousses d'ail (p. 130)
- Pommes de terre à volonté ou 4 CS de pâtes
- 1 verre de vin
- 1 pomme cuite, cannelle si désiré

 Collation
- 1 yaourt à 0 % à la vanille

 Dîner
- Filet de cabillaud (140 g cru) en papillote (tartiné avec 1 cc de moutarde à l'ancienne + 1 brin de romarin)
- Courgettes + 1 cc de matière grasse
- 1 yaourt nature ou à 0 % aux fruits

Samedi

 Petit déjeuner
- 2 tranches de pain complet (50 g)
- 2 portions de fromage fondu allégé
- 1 poire
- Thé ou café

 Déjeuner
- Salade composée express : 1 petite boîte de thon au naturel (80 g) + 5 CS de macédoine de légumes + 4 CS de haricots rouges (100 g) + 2 cc de vinaigrette légère + 1 filet de vinaigre balsamique
- 1 yaourt à 0 % aux fruits

 Collation
- 1 tranche de pain d'épice
- 1 pêche ou 1 pomme

 Dîner
- Filet de dinde au curry (1 cc d'huile + 1 tomate en dés + 1 cc de curry) avec 4 CS de riz ou Œufs pochés à la crème d'épinard (p. 108)+ 1/10 de baguette (25 g de pain)
- 1 banane flambée (1 cc de beurre + 1 cc rase de sucre + 1 CS de rhum)

Dimanche

 Collation
- 1 bol de lait écrémé (20 cl) + 1 cc de cacao non sucré
- 2 biscuits à la cuiller

Dîner
- Potage de légumes sans féculent + 1 cc de crème fraîche à 15 %
- Salade verte + 3 CS de maïs (100 g) + 4 bâtonnets de surimi + 2 cc de vinaigrette légère
- 1 yaourt nature ou à 0 % aux fruits
- 1 pomme ou 1 poire

Une semaine pour l'hiver

 18 POINTS par jour

Lundi

(3 POINTS) Petit déjeuner
- 1 kiwi
- 1 bol de lait écrémé (20 cl)
- 6 CS de corn-flakes
- Thé ou café

(8 POINTS) Déjeuner
- Salade d'endives au roquefort (15 g émietté) et à l'orange (1/2 orange en quartiers pelés à vif) + sel et poivre + 1 cc d'huile
- 1 steak haché à 5 % MG grillé
- 4 CS de coquillettes + 1 cc de beurre
- 1 ou 2 clémentines

(0,5 POINT) Collation
- 1 galette de riz soufflé
- 1 pomme

(6,5 POINTS) Dîner
- Potage de légumes
- 1 boîte de sardines à l'huile (sans l'huile, 60 g) ou Chou chinois farci au porc au caramel (p. 179)
- 2 petites pommes de terre natures (ou 1/10 de baguette)
- 1 yaourt à 0 % aux fruits

Mardi

(4 POINTS) Petit déjeuner
- 1/2 pamplemousse
- 2 tranches de pain de campagne (50 g) + 1 cc de margarine (ou 2 cc de matière grasse à 41 %)
- 1 cc rase de confiture
- 1 yaourt nature
- Thé ou café

(7,5 POINTS) Déjeuner
- 4 CS de haricots blancs en salade (ou servis chauds avec la viande) + 1 cc de matière grasse
- 1 tranche de gigot d'agneau ou 2 côtelettes grillées (60 g)
- Navets glacés (1 cc de margarine + 1/2 cc de sucre)
- 1 barquette de fromage blanc à 0 %

(1 POINT) Collation
- 1 banane

(6,5 POINTS) Dîner
- Potage : poireau + pommes de terre (2 petites) + 1 cc rase de crème fraîche (ou 2 cc à 15 %) + 1/5 de baguette (50 g de pain)
- 30 g de fromage (type brie ou livarot)
- 1 pomme cuite + 2 biscuits à la cuiller ou Nage d'agrumes au miel (p. 166)

Mercredi

(4 POINTS) Petit déjeuner
- 1 petite tranche de pain (25 g)
- 1 tranche de jambon dégraissé ou de volaille
- 2 petits-suisses à 0 % + 20 g de raisins secs (ou autre fruit sec)
- Thé ou café

(7 POINTS) Déjeuner
- Filet de merlan (120 g) cuit au four à micro-ondes + sauce tiède (1/2 yaourt nature + moutarde + sel et poivre) ou Bar en croûte de sel (p. 88)
- Chou et pommes de terre braisés + 1 cc d'huile
- 1 verre de vin blanc
- 1 mandarine

(1 POINT) Collation
- 1 grenade

(6 POINTS) Dîner
- 2 tranches de rôti de dindonneau (100 g)
- Salade de cresson et mini-épis de maïs (conserve) + 1 cc de vinaigrette (2 cc si allégée)
- 1 petite tranche de pain (25 g)
- 1 yaourt à 0 % à la vanille

Dimanche

(3,5 POINTS) Petit déjeuner
- 2 toasts briochés (25 g)
- 2 cc rases de confiture
- 1 bol de lait écrémé (20 cl)
- 2 cc de cacao non sucré
- Thé ou café

(9,5 POINTS) Déjeuner
- 6 huîtres
- 1 petite tranche de pain de seigle (25 g) + 1 cc de beurre à 41 %
- 1 part de dinde rôtie

(ou de cuisse de dinde au four)
- Choux de Bruxelles et marrons (7) passés dans le plat de cuisson de la viande déglacé
- 1 verre de vin
- 1 orange givrée

Jeudi

(4,5 POINTS) Petit déjeuner
- 1 verre de jus d'orange
- 50 g de pain
- 2 cc de matière grasse à 25 % (ou 1 cc à 40 %)
- 1 yaourt nature
- Thé ou café

(7,5 POINTS) Déjeuner
- Betterave rouge + 1 cc de vinaigrette (2 cc si allégée) + persil haché
- 1 part de coq au vin
- Pommes de terre nature à volonté (ou 4 CS de pâtes)
- Clémentines

(1 POINT) Collation
- 1 barquette de fromage blanc à 0 % + 1 cc de crème de marron

(5 POINTS) Dîner
- Bouillon de poule (en tablette) au vermicelle (20 g non cuit)
- Noix de Saint-Jacques poêlées avec 1 cc d'huile + ail et persil (100 g) accompagnées de légumes nature ou Filets de merlan en papillote (p. 93) et Brocolis à la tomate (p. 87)
- 1 kaki

Vendredi

(3 POINTS) Petit déjeuner
- 3 biscottes
- 2 petits St Môret Ligne & Plaisir
- 1 ou 2 clémentines
- Thé ou café

(6 POINTS) Déjeuner
- Limande poêlée + 1 cc d'huile
- 4 CS de blé ou de riz
- Purée de céleri (maison ou en galets surgelés nature) + 1 cc de crème fraîche à 15 %
- 3 CS de compote coing-pomme maison sucrée à l'édulcorant

(1 POINT) Collation
- 1 ou 2 figues sèches (20 g)

(8 POINTS) Dîner
- 1 part de bœuf braisé (120 g) + carottes + pommes de terre (2 petites) ou Flan de coquillettes au curry (p. 117)
- Endives ou autres légumes (en salade ou braisés) + 1 cc d'huile
- 1 yaourt à 0 % à la vanille

Samedi

(4,5 POINTS) Petit déjeuner
- 2 tranches de pain d'épice
- 1 cc de matière grasse à 40 %
- 1 bol de lait demi-écrémé (20 cl) ou 1 yaourt au lait entier
- Thé ou café

(5 POINTS) Déjeuner
- Salade : 1 endive émincée + 1 petite carotte râpée + 1/2 yaourt nature + sel et poivre + 1 cc de raisins secs
- 4 CS de purée de pois cassés + 2 cc de crème fraîche à 15 %
- 1 petite saucisse de volaille grillée (ou 1 Strasbourg maigre) (30 g)
- 1 pomme

(1 POINT) Collation
- 1 petit-suisse à 0 % + 1 cc de miel

(7,5 POINTS) Dîner
- Pamplemousse cocktail (la pulpe d'1/2 pamplemousse + 60 g de crevettes décortiquées + sauce : 1 cc de mayonnaise + 1 cc de ketchup + 1 cc de whisky ou de cognac)
- 1 tranche de rôti de veau (60 g)
- Salsifis ou autre légume au jus de viande dégraissé
- 1 part de tourteau fromager (1/4) ou Ravioles de poires au coulis de mangue (p. 99) + 1 verre de cidre

Dimanche

(0,5 POINT) Collation
- 3 pruneaux ou 1 marron glacé

(4,5 POINTS) Dîner
- Potage de légumes
- 4 CS de lentilles en salade + 1 tranche de jambon de poulet + 1 cc d'huile ou Mâche aux pignons et chèvre frais (p. 230)
- 1 barquette de fromage blanc à 0 % sur coulis de fruits

5

Pour les lecteurs qui
découvrent Weight Watchers :
le décompte des recettes
par points correspond
au programme « Points Plus »
de Weight Watchers…
mais l'important est de savoir
qu'un plat « cuisiné Weight
Watchers » permet
d'économiser jusqu'à 50 %
des calories habituelles !

Les recettes

Abréviations

- cc : cuillerée à café
- CS : cuillerée à soupe
- MG : matière grasse
- cl : centilitre
- mn : minute
- h : heure

Les recettes
vedettes

Elles sont surprenantes,

dignes des grands chefs

et si raffinées…

- Brochettes de porc au miel et au citron
- Turbot braisé et pressée de pommes de terre à la truffe
- Crème de chou-fleur aux moules
- Terrine de lotte
- Bavarois de chou-fleur au coulis de betterave
- Soupe de fruits au champagne rosé
- Filet de bœuf grillé et frites de céleri
- Poires farcies à la fourme d'Ambert

Crème de chou-fleur aux moules

- Carpaccio de fruits

- Pavés de thon au pesto de poivron

- Salade de mâche aux noix de saint-jacques

- Caponata

- Concombre vapeur aux cubes de saumon

- Terrine de tomates aux poivrons jaunes

- Tartelettes aux poires et au roquefort

7
POINTS
par
personne

Brochettes de porc au miel et au citron

4 personnes
- 400 g de filet de porc
- 120 g de semoule à couscous
- 3 cc d'huile d'olive
- 1 CS de coriandre ciselée
- 2 cc de miel liquide
- 3 citrons
- 1 CS de menthe ciselée
- Sel, poivre

Préparation **20 mn** • Cuisson **16 mn** • Marinade **1 h**

1 Faire chauffer 15 cl d'eau. Saler et ajouter 1 cuillerée à café d'huile. Verser sur la semoule dans un saladier et laisser gonfler. Égrener du bout des doigts, ajouter les herbes ciselées. Filmer et réserver au frais.

2 Préchauffer le four, position gril.

3 Couper le porc en cubes.

4 Dans un plat creux, presser le jus de 1 citron, l'ajouter au miel et à l'huile d'olive. Saler, poivrer et faire mariner les cubes de porc dans la préparation pendant 1 heure.

5 Couper les 2 citrons restants en quartiers. Égoutter les cubes de viande et les piquer sur 4 brochettes en métal en les intercalant avec les quartiers de citron.

6 Faire cuire les brochettes 8 minutes de chaque côté tout en surveillant la cuisson.

7 Servir avec le taboulé bien frais.

Turbot braisé et pressée de pommes de terre à la truffe

4 personnes

- 1 tronçon de filet de turbot de 500 g
- 500 g de pommes de terre
- 6 cl de vin blanc doux
- 15 cl de fumet de poisson
- 1 petite truffe en conserve (40 g)
- 4 cc de matière grasse à 25 %
- 100 g de champignons de Paris
- 1 cc de margarine
- 8 cc de crème fraîche à 8 %
- 1 CS d'échalote hachée
- Sel, poivre

Préparation 20 mn • Cuisson 30 mn

1 Préchauffer le four (th. 6/180 °C). Peler et rincer les pommes de terre. Les faire cuire à la vapeur 10 minutes.

2 Couper le filet de poisson en 4 tronçons. Les placer dans un plat allant au four. Mouiller avec le vin blanc et le fumet de poisson. Poivrer. Faire cuire au four 10 minutes.

3 Couper la truffe en fines lamelles.

4 Dans un plat creux, écraser les pommes de terre avec la matière grasse allégée, le sel et le poivre. Y planter les lamelles de truffe. Couvrir pour maintenir au chaud et laisser infuser la truffe.

5 Émincer finement les champignons de Paris. Les faire suer dans une poêle antiadhésive pendant 5 minutes pour leur faire rendre leur eau. Réserver.

6 Essuyer la poêle, faire fondre 1 cuillerée de margarine, y faire revenir l'échalote. Ajouter les champignons et laisser cuire 5 minutes. Saler et poivrer. Mixer avec le jus de cuisson du poisson et la crème.

7 Sur les assiettes de service, déposer un morceau de poisson et une grosse quenelle de pommes de terre aux truffes, entourer de sauce aux champignons.

2 POINTS
par personne

Crème de chou-fleur aux moules

4 personnes

- 600 g de moules de bouchot
- 1 échalote
- 1 cc de margarine
- 12,5 cl de vin blanc sec
- 300 g de chou-fleur
- 1 gousse d'ail
- 50 cl de lait écrémé
- 80 g de lait 1/2 écrémé concentré non sucré
- 100 g de crevettes
- Quelques brins de cerfeuil
- Sel, poivre

Préparation 20 mn • Cuisson 14 mn

1 Gratter et laver les moules. Ciseler l'échalote.

2 Dans une sauteuse, avec la margarine, faire dorer l'échalote, mouiller avec le vin blanc, ajouter les moules et les faire ouvrir à feu vif pendant 2 minutes.

3 Décortiquer les moules, filtrer le jus et réserver.

4 Faire cuire les bouquets de chou-fleur et la gousse d'ail dans le lait pendant 10 minutes. Les mixer et incorporer le lait concentré. Saler et poivrer.

5 Faire réchauffer le jus des moules et l'incorporer à la crème de chou-fleur.

6 Verser la crème de chou-fleur dans une soupière, ajouter les moules, décorer avec les crevettes décortiquées et le cerfeuil ciselé.

2 POINTS par personne

Terrine de lotte

6 personnes
- 480 g de lotte
- 50 cl de court-bouillon de poisson
- 3 œufs
- 3 CS de concentré de tomates
- 80 g de lait concentré 1/2 écrémé non sucré
- 12 bouquets de mâche
- 4 tomates cerises
- 1 citron
- Sel, poivre

Préparation **20 mn** • Cuisson **45 mn**

1. Préchauffer le four (th. 6/180 °C).

2. Dans une casserole, porter le court-bouillon à ébullition. Y faire pocher la lotte 15 minutes à feu très doux. Égoutter.

3. Couper la lotte en cubes.

4. Dans une jatte, battre les œufs avec le lait concentré non sucré et le concentré de tomates. Saler, poivrer et mélanger.

5. Déposer les cubes de lotte dans un petit moule à cake antiadhésif, verser le mélange œufs/tomates. Recouvrir le moule d'un papier aluminium, le placer dans un bain-marie d'eau chaude et enfourner pour 30 minutes.

6. Laisser reposer 15 minutes hors du four puis démouler. Servir froid ou tiède, coupé en tranches, avec 3 bouquets de mâche, 1 tomate cerise et 1 rondelle de citron.

1 POINT
par personne

Bavarois de chou-fleur au coulis de betterave

4 personnes

Pour le bavarois :
- 1 chou-fleur
- 160 g de lait concentré 1/2 écrémé non sucré
- 6 grandes feuilles de gélatine
- Sel, poivre blanc

Pour le coulis de betterave :
- 1 betterave cuite
- 10 cl de bouillon de volaille
- 8 cc de crème fraîche à 8 %

Préparation 10 mn • Cuisson 15 mn • Réfrigération 3 h

1 Faire cuire les bouquets de chou-fleur dans un autocuiseur à la vapeur pendant 10 minutes. Égoutter et réduire en purée. Saler et poivrer.

2 Faire ramollir les feuilles de gélatine dans un bol d'eau froide. Ajouter à la purée chaude. Bien mélanger et laisser refroidir.

3 Fouetter le lait concentré bien froid en chantilly. Ajouter délicatement la crème à la purée. Rectifier l'assaisonnement et verser dans 4 petits moules individuels. Réserver au réfrigérateur pour 3 heures.

4 Préparer le coulis de betterave : couper la betterave en petits morceaux, la faire cuire dans le bouillon pendant 5 minutes. Mixer avec la crème. Verser le coulis de betterave en perle ou en filet sur les bavarois de chou-fleur.

Servir en accompagnement d'un poisson.

2,5 POINTS
par personne

Soupe de fruits au champagne rosé

4 personnes
- 300 g d'oreillons de pêches au sirop allégé
- 1 gousse de vanille
- 1 pomme verte
- 1 orange
- 1 mandarine
- 1 kiwi
- 200 g de fraises
- 100 g de framboises
- 1 grenade
- 50 cl de champagne rosé

Préparation **45 mn** • Réfrigération **30 mn**

1 Égoutter les fruits. Faire chauffer le jus dans une petite casserole avec la gousse de vanille fendue dans le sens de la longueur. Laisser réduire 5 minutes et, hors du feu, laisser infuser 30 minutes.

2 Peler la pomme, l'évider et la couper en quartiers, ainsi que les oreillons de pêches.

3 Peler l'orange à vif et retirer les peaux blanches. La couper en tranches.

4 Peler la mandarine. Enlever la peau des quartiers.

5 Peler le kiwi. Le couper en rondelles.

6 Laver et équeuter les fraises, les couper en deux.

7 Ouvrir la grenade et prélever les billes.

8 Déposer tous ces fruits dans un saladier, ajouter les framboises et verser le sirop vanillé froid. Mélanger délicatement et mettre au frais pendant 30 minutes.

9 Au moment de servir, répartir les fruits dans les coupes. Compléter avec le champagne frappé.

Filet de bœuf grillé et frites de céleri

4 personnes
- 4 filets de bœuf de 150 g
- 1/2 cc de paprika
- 1 petite coupelle de moutarde à l'ancienne
- Sel, poivre
- 600 g de céleri-boule
- 3 cc d'huile

Préparation 10 mn • Cuisson 19 mn

1 Préchauffer le four (th. 8/240 °C).

2 Peler le céleri, le détailler en frites de 1,5 cm d'épaisseur. Les mettre dans un saladier.

3 Saupoudrer de paprika, verser 2 cuillerées à café d'huile. Mélanger du bout des doigts.

4 Étaler les frites sur une plaque antiadhésive. Enfourner pour 15 minutes. Remuer en cours de cuisson. Saler et poivrer.

5 Pendant la cuisson des frites, graisser un gril en fonte avec la cuillerée à café d'huile restante. Faire chauffer sur feu vif. Saisir les filets 2 minutes de chaque côté. Saler et poivrer.

6 Servir les filets bien chauds avec une portion de frites de céleri et 1 cuillerée de moutarde à l'ancienne.

Accompagner d'un mesclun de salades (à comptabiliser pour la sauce).

Poires farcies à la fourme d'Ambert

4 personnes
- 2 poires
- 120 g de fourme d'Ambert
- 4 cerneaux de noix

Préparation 15 mn • Cuisson 4 mn

1 Préchauffer le four, position gril.

2 Peler les poires, ôter le cœur et les pépins, les découper en 2 dans le sens de la longueur. Les évider légèrement avec une petite cuiller.

3 Couper la fourme en noisettes. En farcir les demi-poires.

4 Les disposer sur la plaque du four et enfourner pour 4 minutes.

5 Décorer d'un cerneau de noix.

Accompagner d'une salade de roquette ou de pourpier (à comptabiliser pour la sauce).

0 POINT
par personne

Carpaccio de fruits

2 personnes
- 2 kiwis gold
- 100 g de fraises
- 2 cc de citron vert
- 2 cc de miel d'acacia
- 4 feuilles de menthe

Préparation 10 mn

1 Peler les kiwis et les couper en rondelles fines. Les disposer sur 2 assiettes de service.

2 Rincer et équeuter les fraises, les couper en lamelles et les glisser entre les tranches de kiwi.

3 Dans une tasse, mélanger le jus de citron et le miel. Verser en filet sur le carpaccio de fruits. Décorer de feuilles de menthe ciselée.

Selon la saison, remplacer les kiwis gold (disponibles seulement de mai à décembre) par des kiwis verts.

4 POINTS par personne

Pavés de thon au pesto de poivron

4 personnes
- 4 tranches de thon de 120 g
- 1 courgette
- 2 poivrons jaunes
- 1 cc d'huile d'olive
- 3 tomates
- 1 CS d'échalote hachée
- 12,5 cl de vin blanc sec
- 1 pincée de safran
- Quelques brins de cerfeuil
- Sel, poivre

Préparation 20 mn • Cuisson 27 mn

1 Préchauffer le four (th. 8/240 °C).

2 Plonger les tomates dans de l'eau bouillante salée pendant 30 secondes. Les rafraîchir, les peler et les couper en petits morceaux.

3 Déposer les poivrons sur la plaque du four et faire cuire 25 minutes. Les enfermer 5 minutes sous un film alimentaire. Les laisser refroidir, puis les peler et ôter les graines.

4 Dans un plat à four, verser l'huile, les tomates, l'échalote hachée et le vin blanc. Enfourner pour 10 minutes.

5 Saler et poivrer les tranches de thon. En recouvrir les tomates et cuire 15 minutes. Retourner à mi-cuisson.

6 Peler la courgette, la détailler en tagliatelles avec un couteau économe. Les plonger 2 minutes dans de l'eau bouillante salée.

7 Égoutter et réserver au chaud.

8 Mixer les poivrons avec le fond de sauce tomate et le safran. Si besoin est, faire réduire un peu pour obtenir une consistance épaisse. Rectifier l'assaisonnement.

9 Napper les tranches de thon de coulis de poivron et entourer le tout de tagliatelles de courgette. Décorer de cerfeuil.

Pour gagner du temps, faire cuire le thon en même temps que les poivrons.

1 POINT
par personne

Salade de mâche aux noix de saint-jacques

4 personnes
- 12 noix de saint-jacques fraîches (240 g)
- 2 CS de jus de citron
- 2 cc d'huile de noix
- 1 yaourt brassé à 0 %
- 1 CS d'oignon rose haché
- 1 CS de ciboulette hachée
- 1 betterave rouge
- 1 barquette de mâche
- Sel, poivre

Préparation 15 mn • Réfrigération 1 h

1 Émincer les noix de saint-jacques en fines lamelles.

2 Mélanger le jus de citron avec l'huile, verser sur les noix de saint-jacques. Saler, poivrer et réserver au frais pour 1 heure.

3 Mélanger le yaourt avec l'oignon rose, la ciboulette, le sel et le poivre.

4 Couper la betterave en petits bâtonnets.

5 Disposer la mâche sur un plat de service. Arroser de sauce. Ajouter les bâtonnets de betterave rouge et disposer les lamelles de noix de saint-jacques.

Pour découper les noix de saint-jacques plus facilement, les placer préalablement 15 minutes au congélateur.

1 POINT
par personne

Caponata

4 personnes

- 3 poivrons (vert, jaune, rouge)
- 8 petits oignons grelots
- 1 aubergine
- 1 petite courgette
- 6 tomates olivettes
- 3 gousses d'ail
- 1 cœur de céleri-branche
- 2 CC d'huile d'olive
- 1 bouquet garni
- 1/2 cc de piment de Cayenne
- 8 filets d'anchois à l'huile
- 2 CS de câpres
- 10 olives vertes dénoyautées
- 1 oignon rouge
- Sel, poivre

Préparation **20 mn** • Cuisson **44 mn**

1 Préchauffer le four (th. 8/ 240 °C).

2 Envelopper les poivrons séparément dans une feuille de papier aluminium et enfourner pour 20 minutes. Retirer ensuite la peau et les pépins, couper la chair en grosses lanières.

3 Faire pocher les oignons grelots dans de l'eau bouillante pendant 2 minutes. Égoutter et réserver.

4 Rincer et détailler l'aubergine et la courgette avec leur peau en gros dés. Couper les tomates en quartiers, l'oignon rouge en rondelles. Hacher l'ail et émincer le cœur du céleri.

5 Dans une sauteuse adhésive, faire revenir dans l'huile l'oignon rouge pendant 2 minutes tout en remuant. Ajouter l'aubergine et la courgette. Saler, poivrer et faire revenir 10 minutes tout en remuant. Ajouter les oignons grelots, les tomates, le céleri, le bouquet garni et le piment. Couvrir et poursuivre la cuisson à feu doux pendant 10 minutes.

6 Incorporer les lanières de poivron, les anchois, les câpres et les olives vertes. Retirer le bouquet garni, mélanger et rectifier l'assaisonnement en sel et poivre.

7 Déguster chaud, froid ou bien réchauffé, accompagné de riz, pâtes ou pommes de terre vapeur (à comptabiliser).

2,5 POINTS
par
personne

Concombre vapeur aux cubes de saumon

4 personnes
- 3 concombres
- 1 pavé de saumon de 200 g
- 1 bouquet de menthe

Pour la sauce au vin blanc :
- 200 g de fromage blanc battu à 0 %
- 4 cc de crème à 8 %
- 2 CS de vin blanc
- 2 cc d'échalote hachée
- 1 cc d'ail haché
- 1 CS de ciboulette ciselée
- 1 CS d'estragon ciselé
- 4 rondelles de citron
- Sel, poivre du moulin

Préparation 15 mn • Cuisson 4 mn

1. Rincer les concombres. Les peler avec un couteau économe, en laissant des bandes de peau. Les couper en 2, dans le sens de la longueur. Retirer les graines puis les détailler en petits tronçons.

2. Couper le pavé de saumon en petits cubes.

3. Verser de l'eau dans une cocotte-vapeur, ajouter le bouquet de menthe et porter à ébullition. Placer les tronçons de concombre et les cubes de saumon dans le panier de cuisson, saler et poivrer. Cuire à la vapeur pendant 4 minutes. Réserver au chaud.

4. Dans un bol, fouetter le fromage blanc bien froid avec la crème et le vin blanc. Incorporer l'échalote et l'ail hachés puis les herbes ciselées. Saler, poivrer et mélanger.

5. Répartir les concombres et les dés de saumon bien chauds dans des assiettes de service. Entourer d'un cordon de sauce au vin blanc et décorer d'une rondelle de citron.

1 POINT par personne

Terrine de tomates aux poivrons jaunes

4 personnes

- 3 poivrons jaunes
- 8 anchois à l'huile
- 1 cc d'huile d'olive
- 1/2 citron
- 600 g de tomates bien mûres
- 1 oignon blanc

- 1 gousse d'ail
- 1 bouquet garni (thym, romarin)
- 3 grandes feuilles de gélatine
- 40 g de mozzarella
- 2 CS de basilic ciselé
- Sel, poivre

Préparation 30 mn • Cuisson 30 mn • Réfrigération 6 h

1 Préchauffer le four (th. 8/240 °C).

2 Envelopper les poivrons séparément dans une feuille de papier aluminium et enfourner pour 20 minutes.

3 Enlever la peau et les pépins, couper la pulpe en lanières. Saler, poivrer et réserver 100 g de lanières. Mixer le reste de poivron avec les anchois, l'huile et le citron. Recouvrir d'un film et réserver au réfrigérateur.

4 Peler les tomates, en réserver une, la couper en tranches et couper les autres en morceaux.

5 Peler et hacher l'oignon et la gousse d'ail. Les mettre dans une casserole avec les morceaux de tomate et le bouquet garni. Saler, poivrer et cuire 10 minutes sur feu moyen. Mixer et tamiser. Récupérer 25 cl de coulis.

6 Faire tremper les feuilles de gélatine dans un bol d'eau froide, les égoutter et les ajouter dans le coulis chaud tout en remuant.

7 Couper la mozzarella en tranches.

8 Dans une terrine d'une contenance de 50 cl (beurrier en verre culinaire), verser un tiers du coulis. Faire prendre 10 minutes au congélateur. Recouvrir avec les lanières de poivron et les tranches de tomate fraîche puis avec le reste de coulis. Parsemer de basilic ciselé et disposer les

tranches de mozzarella. Recouvrir d'un film et réserver au réfrigérateur pour au moins 6 heures.

9 Au moment de servir, démouler la terrine, la découper en 4 grosses tranches ou 8 petites. Les disposer sur les assiettes de service, accompagner d'une portion de purée de poivron jaune aux anchois.

Pour faciliter l'épluchage des poivrons, les placer 5 minutes dans un sac en plastique à la sortie du four.

5 POINTS®

par personne

Tartelettes aux poires et au roquefort

4 personnes
- 4 grandes feuilles de brick
- 2 poires
- 120 g de brousse à 32 %
- 4 cerneaux de noix
- 80 g de roquefort
- 1 œuf
- Sel, poivre

Préparation 15 mn • Cuisson 15 mn

1 Préchauffer le four (th. 6/180 °C). Mettre le roquefort à température ambiante pour le ramollir.

2 Plier les feuilles de brick en deux. Foncer 4 petits moules à tartelette antiadhésifs de 8 cm de diamètre avec chaque 1/2 cercle en double épaisseur. Égaliser les bords avec des ciseaux. Garnir de haricots secs et cuire 5 minutes à blanc.

3 Peler et couper les poires en quartiers.

4 Mélanger le roquefort, la brousse et l'œuf. Saler et poivrer. Farcir les moules avec la préparation, répartir les quartiers de poires. Enfourner pour 10 minutes.

Laisser tiédir 10 minutes avant de démouler et décorer d'un cerneau de noix.

Les recettes
nouvelle
cuisine

En croûte de sel, en papillote,
toutes les saveurs se concentrent
pour le plus grand plaisir de vos papilles...

- Papillotes de blettes au crottin
- Brocolis à la tomate
- Bar en croûte de sel
- Escalopes de poulet à la cannelle
- Porc au lait, brocolis et coulis de carotte
- Filets de merlan en papillote
- Légumes sautés au wok
- Mousse de chocolat
  et zestes d'orange confits

Bar en croûte de sel

- Papillotes de canard aux pêches
- Ravioles de poires au coulis de mangue
- Potage aux herbes du jardin
- Canapés de concombre au tartare de haddock
- Sauce pimentée au poivron rouge
- Tarte au fromage blanc
- Poêlée de pois mange-tout

Papillotes de blettes au crottin

4 personnes
- 600 g de blettes
- 1 citron
- 2 crottins de chèvre de 60 g
- 20 cl de lait écrémé
- 2 CS de Maïzena
- 1 pincée de muscade
- Sel, poivre

Préparation 20 mn • Cuisson 15 mn

1 Laver et éplucher les blettes, tailler les côtes en petits bâtonnets et conserver les feuilles.

2 Rincer les bâtonnets de blettes dans une eau citronnée pour éviter qu'ils noircissent. Les égoutter et les faire cuire à la vapeur, dans un autocuiseur, pendant 7 minutes. Réserver au chaud.

3 Plonger 4 grandes feuilles de blettes dans une casserole d'eau bouillante pendant 2 minutes. Égoutter et étaler sur un plan de travail.

4 Couper les crottins en deux et emballer chaque moitié dans une grande feuille de blette.

5 Faire chauffer le lait.

6 Délayer la Maïzena dans un peu d'eau froide. La verser dans le lait et faire épaissir sur feu doux tout en remuant. Saler, poivrer et ajouter la muscade.

7 Préchauffer le four, position gril.

8 Mélanger les bâtonnets de blettes dans la sauce béchamel. Rectifier l'assaisonnement.

9 Poser les papillotes de crottin sur une plaque antiadhésive et enfourner pour 3 minutes.

10 Sur chaque assiette, déposer une portion de blettes à la béchamel et une papillote de crottin.

Les feuilles de blettes restantes peuvent se cuisiner comme des épinards.

Brocolis à la tomate

4 personnes

- 600 g de bouquets de brocolis
- 300 g de tomates
- 1 CS d'échalote hachée
- 1 CS de concentré de tomates
- 3 cc de parmesan râpé (15 g)
- Sel, poivre

Préparation 10 mn • Cuisson 14 mn

1 Plonger les tomates dans de l'eau bouillante pendant 30 secondes. Les rafraîchir sous l'eau froide, les peler et les concasser.

2 Dans une petite casserole, faire cuire à feu doux les tomates avec le concentré de tomates et l'échalote hachée pendant 10 minutes. Remuer de temps en temps avec une spatule en bois. Saler, poivrer et réserver au chaud.

3 Cuire les brocolis 4 minutes à la vapeur. Égoutter.

4 Sur un plat de service, verser un peu de sauce tomate, recouvrir de brocolis, napper du reste de sauce tomate et saupoudrer de parmesan.

Servir en accompagnement d'un poisson poché.
Pour un effet décoratif, disposer la sauce tomate et les brocolis avec un cercle à entremets, en portions indivi-duelles.

2,5 POINTS

par personne

Bar en croûte de sel

4 personnes
- 1 bar de 1 kg
- 1 branche de thym
- 1 bouquet d'aneth ou 1 plumet de fenouil
- 3 kg de gros sel de Guérande
- 10 cl de vin blanc
- 3 blancs d'œufs
- Sel, poivre

Préparation **20 mn** • Cuisson **30 mn**

1 Préchauffer le four (th. 6-7/200 °C).

2 Vider le bar sans l'écailler, le rincer et l'essuyer. Saler et poivrer l'intérieur. Glisser les herbes.

3 Humidifier le sel avec le vin blanc et les blancs d'œufs battus à la fourchette.

4 Dans un plat à four, étaler une couche de sel, disposer le bar, tasser le sel autour et au-dessus afin de le recouvrir d'une couche de 3 cm environ. Enfourner pour 30 minutes.

5 Pour servir, renverser le plat, casser la croûte de sel pour dégager le poisson. Retirer la peau et découper le poisson en portions.

Servir avec une julienne de légumes cuits à la vapeur, des tomates grillées ou des pommes de terre cuites à la vapeur (à comptabiliser).

2,5 POINTS
par personne

Escalopes de poulet à la cannelle

4 personnes
- 4 escalopes de poulet de 120 g
- 4 pommes
- 1 citron
- 1 yaourt brassé à 0 %
- 8 cc de crème fraîche à 8 %
- 2 cc de cannelle
- Sel, poivre

Préparation 15 mn • Cuisson 20 mn

1 Préchauffer le four (th. 7/210 °C).

2 Peler et évider les pommes, les couper en quartiers et les citronner.

3 Fouetter la cannelle avec la crème et le yaourt.

4 Sur le plan de travail, étaler 4 feuilles de papier aluminium. Au centre de chaque feuille, disposer quelques quartiers de pomme, napper de 1 cuillerée de yaourt à la cannelle. Recouvrir d'une escalope, saler et poivrer, et ajouter une autre cuillerée de yaourt à la cannelle.

5 Refermer les papillotes, les disposer dans un plat allant au four et enfourner pour 20 minutes.

3,5 POINTS
par personne

Porc au lait, brocolis et coulis de carotte

4 personnes
- filet mignon de porc sans couenne de 400 g
- 4 fines tranches de bacon (40 g)
- 1 gousse d'ail
- 40 cl de lait écrémé
- 2 feuilles de sauge (ou de romarin)
- 1/2 feuille de laurier
- 100 g de carottes
- 500 g de brocolis surgelés
- 8 cc de crème fraîche à 8 %
- 1 cc de ciboulette ciselée
- Sel, poivre

Préparation 15 mn • Cuisson 24 mn • Macération 3 h

1 Couper le filet mignon en tranches et le bacon en deux.

2 Dans un plat à four creux, mettre les tranches de filet et de bacon. Ajouter la gousse d'ail pelée et écrasée, les herbes et le lait. Saler et poivrer. Couvrir et laisser mariner 3 heures au réfrigérateur en retournant la viande de temps en temps.

3 Préchauffer le four (th. 6/180 °C).

4 Éplucher les carottes, les couper en petites lanières. Les ajouter dans le plat et faire cuire au four 20 minutes.

5 Cuire les brocolis en autocuiseur pendant 4 minutes.

6 Réserver les tranches de filet et le bacon. Retirer les herbes du plat, mixer les carottes avec le jus de cuisson et la crème. Ajouter la ciboulette, rectifier l'assaisonnement et mélanger.

7 Accompagner la viande de bouquets de brocolis et de coulis de carotte.

2,5 POINTS

par personne

Filets de merlan en papillote

4 personnes
- 4 filets de merlan de 120 g
- 200 g de carottes
- 1 bulbe de fenouil
- 100 g d'oignons
- 100 g de champignons de Paris
- 4 cc de margarine à 60 %
- 1 CS de persil haché
- 8 feuilles d'estragon
- 4 CS de fumet de poisson
- 4 CS de vin blanc
- Sel, poivre

Préparation 20 mn • Cuisson 20 mn

1 Préchauffer le four (th. 7/210 °C).

2 Couper les carottes et le fenouil en julienne. Les faire blanchir 5 minutes dans de l'eau bouillante salée. Égoutter et rafraîchir.

3 Émincer l'oignon et les champignons de Paris. Les faire revenir 1 minute dans une poêle antiadhésive, avec 1 cuillerée de margarine. Ajouter la julienne de légumes, saler, poivrer et laisser cuire le tout à l'étuvée pendant 5 minutes. Saupoudrer de persil.

4 Préparer 4 feuilles de papier sulfurisé. Graisser l'intérieur avec la margarine restante. Disposer un nid de légumes au centre puis 1 filet de merlan. Saler et poivrer. Ajouter 2 feuilles d'estragon, arroser d'1 cuillerée de fumet de poisson et d'1 cuillerée de vin blanc. Refermer les papillotes, les poser sur une plaque et enfourner pour 9 minutes.

1 POINT

par personne

Légumes sautés au wok

4 personnes
- 100 g de poivron vert
- 100 g de poivron rouge
- 100 g de poivron jaune
- 100 g de carottes
- 100 g de champignons de Paris
- 4 cc d'huile
- 1 CS d'échalote hachée
- 100 g de pousses de soja
- 1 CS de ciboulette hachée
- 1 cc d'ail haché
- Sel, poivre

Préparation **30 mn** • Cuisson **20 mn**

1 Peler et préparer les légumes, les rincer et les sécher.

2 Couper les 3 poivrons en fines lanières de 1 cm de large et 4 cm de long.

3 Tailler les carottes en bâtonnets de la même taille que les poivrons.

4 Émincer les champignons de Paris.

5 Faire chauffer l'huile dans le wok à feu vif. Saisir les lanières de poivrons avec l'échalote pendant 5 minutes tout en remuant avec une spatule en bois.

6 Ajouter les carottes et poursuivre la cuisson 10 minutes.

7 Verser les champignons de Paris et les pousses de soja, mélanger et continuer la cuisson pendant 5 minutes tout en remuant.

8 Saler, poivrer, incorporer la ciboulette et l'ail. Mélanger à nouveau.

Pour apporter une touche exotique, il est préférable d'utiliser de l'huile de sésame et de remplacer le sel par 1 cuillerée à café de sauce de soja. Servir en accompagnement d'une viande ou d'un poisson (à comptabiliser).

2,5 POINTS
par personne

Mousse de chocolat et zestes d'orange confits

4 personnes
- 400 g de fromage blanc battu à 0 %
- 4 blancs d'œufs
- 4 CS de cacao en poudre non sucré (60 g)
- 5 CS d'édulcorant
- 1 petite tasse de café espresso
- 1 orange non traitée
- 2 CS de sucre en poudre

Préparation 15 mn • Cuisson 11 mn • Réfrigération 4 h

1 Mélanger 4 cuillerées à soupe d'édulcorant avec le cacao. Fouetter avec le fromage blanc puis le café.

2 Battre les blancs d'œufs en neige avec la cuillerée à soupe d'édulcorant restante.

3 Mélanger délicatement la neige à la préparation au fromage blanc en soulevant la masse.

4 Répartir dans des coupelles, réserver au réfrigérateur pour 4 heures.

5 Rincer et essuyer l'orange, prélever les zestes à l'aide d'un zesteur. Presser le jus, le réserver.

6 Faire bouillir les zestes dans de l'eau salée 1 minute pour enlever l'amertume, égoutter et rincer. Renouveler l'opération.

7 Mélanger le jus d'orange avec la même quantité d'eau et le sucre. Faire chauffer 2 minutes, ajouter les zestes et laisser confire 10 minutes à feu doux dans le sirop.

8 Disposer les zestes sur les mousses au chocolat.

3,5 POINTS

par personne

Papillotes de canard aux pêches

4 personnes
- 4 filets de canard (100 g chacun)
- 8 oreillons de pêches (frais ou surgelés)
- 1/2 orange
- 4 cc d'échalote hachée
- 4 clous de girofle
- 4 CS de porto
- Sel, poivre

Préparation **15 mn** • Cuisson **15 mn**

1 Préchauffer le four (th. 7/210 °C).

2 Couper les oreillons de pêches en lamelles.

3 Presser l'orange et recueillir le jus.

4 Au centre de 4 grandes feuilles de papier aluminium, répartir les échalotes, les lamelles de pêches, un filet de canard, 1 clou de girofle. Arroser de 1 cuillerée de porto et de 1 cuillerée de jus d'orange. Saler et poivrer.

5 Plier chaque feuille en forme de papillote. Les disposer sur la plaque du four et enfourner pour 15 minutes.

6 Servir les papillotes entrouvertes.

Accompagner de tagliatelles ou de riz (à comptabiliser).

(2,5 POINTS)
par personne

Ravioles de poires au coulis de mangue

4 personnes
Pour le coulis de mangue :

- 300 g de mangue
- 10 cl de lait de coco
- 1 CS de jus de citron vert
- 4 cc d'édulcorant

Pour les ravioles de poires :

- 4 poires
- 4 cc d'édulcorant
- 1 cc de gingembre
- 4 petites feuilles de riz
- 2 gousses de vanille souples

Préparation 15 mn • Cuisson 5 mn

1 Peler la mangue, prélever la chair, la mixer avec le jus de citron vert, le lait de coco et l'édulcorant. Réserver au frais.

2 Peler les poires et les couper en lamelles.

3 Humidifier les feuilles de riz. Y déposer les tranches de poires, saupoudrer d'1 cuillerée à café d'édulcorant et d'1 pincée de gingembre. Les refermer en forme d'aumônière. Les lier avec une gousse de vanille fendue en 2 dans le sens de la longueur.

4 Mettre de l'eau dans le cuit-vapeur, porter à ébullition. Déposer les ravioles dans la partie supérieure. Faire cuire pendant 5 minutes.

5 Disposer les aumônières dans les assiettes à dessert et entourer de coulis de mangue bien frais.

(0,5 POINT)
par personne

Potage aux herbes du jardin

4 personnes

- 20 g de persil plat
- 20 g de ciboulette
- 20 g de cerfeuil
- 10 g d'estragon
- 50 g de laitue
- 8 cc de crème à 15 %
- 1 tablette de bouillon de volaille
- Poivre du moulin

Préparation 15 mn • Cuisson 7 mn

1 Rincer et équeuter les herbes. Les mettre dans un verre et les couper finement avec des ciseaux. Chiffonner la salade et la couper en fines lanières.

2 Dans une casserole, porter 1 litre d'eau à ébullition. Y faire dissoudre la tablette de bouillon de volaille. Plonger les herbes et la salade, laisser reprendre l'ébullition. Puis les retirer à l'aide d'une écumoire et les rafraîchir sous l'eau froide. Égoutter.

3 Remettre la verdure dans le bouillon de volaille. Ajouter la crème, donner un tour de moulin à poivre et faire réchauffer à feu doux pendant 5 minutes.

4 Servir dans de petits bols.

1 POINT par canapé

Canapés de concombre au tartare de haddock

12 canapés

- 240 g de filet de haddock
- 1 cc de piment surgelé
- 1 tranche de pain de mie (20 g)
- 1 grand blini (70 g)
- 8 cc de crème fraîche épaisse à 15 %
- 1 citron vert
- 2 concombres
- 1 pincée de paprika
- Sel, poivre du moulin

Préparation **20 mn**

1 Couper le filet de haddock en morceaux, les faire macérer dans le jus du citron avec la cuillerée de piment. Couvrir et réserver au frais 30 minutes.

2 Passer au chinois pour égoutter et hacher grossièrement. Saler et poivrer. Mélanger le hachis avec la crème fraîche : on obtient 12 cuillerées à soupe de tartare.

3 Canneler les concombres et former 12 tronçons de 1,5 cm de haut. Les évider avec un emporte-pièce en prenant soin de ne pas les percer. Déposer un peu de mie de pain dans le fond de chaque tronçon afin de les rendre étanches. Les farcir avec 1 cuillerée à soupe de tartare. Saupoudrer légèrement de paprika.

4 Toaster le blini au grille-pain, le couper en 12 petits triangles. Pour servir, planter un morceau de blini dans chaque tronçon.

0,5 POINT.

par personne

Sauce pimentée au poivron rouge

4 personnes
- 1 poivron rouge
- 1 cc de jus de citron
- 2 carrés frais à 0 % (25 g chacun)
- 8 gouttes de tabasco (ou 1 pincée de piment en poudre)
- 1/2 yaourt nature
- 4 cc de crème à 8 %
- Sel, poivre

Préparation 10 mn • Réfrigération 30 mn

1 Trancher le poivron. Enlever le pédoncule, les cloisons et les graines puis le couper en morceaux. Rincer et mixer avec le jus de citron.

2 Dans un bol, fouetter les carrés frais avec le yaourt, la crème, le sel et le poivre. Incorporer la purée de poivron et le tabasco (ou le piment en poudre). Rectifier l'assaisonnement selon le goût désiré.

3 Placer sous film et réserver au frais jusqu'au moment de servir.

Servir en accompagnement d'une pierrade de viande ou de volaille.

4 POINTS

par personne

Tarte au fromage blanc

6 personnes
- 1 pâte sablée préétalée (180 g)
- 2 œufs
- 200 g de fromage blanc à 0 % en faisselle
- 1 petit-suisse à 0 %
- 4 CS d'édulcorant
- 1/2 cc de cannelle
- 1 cc de cassonade en poudre
- Sel

Préparation **20 mn** • Cuisson **30 mn**

1 Préchauffer le four (th. 7/210 °C).

2 Disposer la pâte dans un moule à tarte à fond amovible avec le papier de cuisson. Poser un papier aluminium et un plat de diamètre inférieur sur le dessus et précuire 10 minutes.

3 Séparer les blancs des jaunes d'œufs. Battre les blancs en neige.

4 Égoutter le fromage blanc et le petit-suisse. Les mélanger avec les jaunes, l'édulcorant et la cannelle. Battre jusqu'à obtention d'un mélange crémeux puis incorporer la neige délicatement. Étaler la garniture sur le fond de tarte, lisser.

5 Baisser la température du four à 180 °C et enfourner pour 20 minutes.

6 Hors du feu, saupoudrer de cassonade. Déguster tiède ou froid.

On peut également piquer la tarte de framboises avant de la mettre à cuire.

1 POINT par personne

Poêlée de pois mange-tout

4 personnes
- 600 g de pois mange-tout
- 100 g d'oignons nouveaux
- 1 cœur de laitue
- 4 aiguillettes de canard (130 g)
- 10 cl de bouillon de volaille
- 2 CS de coriandre ciselée
- 2 cc de margarine végétale à 60 %
- Poivre

Préparation 15 mn • Cuisson 6 mn

1 Équeuter et rincer les pois mange-tout. Couper les oignons nouveaux en rondelles. Rincer et déchirer le cœur de laitue en morceaux.

2 Détailler les aiguillettes de canard en fines lanières.

3 Mettre la margarine dans une sauteuse antiadhésive et saisir les oignons et les lanières de canard pendant 2 minutes. Baisser le feu, ajouter la salade et la moitié du bouillon de volaille. Laisser fondre pendant 1 minute tout en remuant.

4 Ajouter les pois mange-tout et laisser cuire 3 minutes pour une cuisson *al dente* : si besoin est, ajouter le reste de bouillon en cours de cuisson.

5 Saupoudrer de coriandre, poivrer, mélanger et servir.

On trouve des pois mange-tout de mars à août.

Les recettes
petit prix

Elles sont étonnantes de simplicité… et très originales pour un tout petit prix…

- Croquettes de jambon aux herbes
- Œufs pochés à la crème d'épinard
- Galettes à l'œuf
- Rouleaux de jambon à la purée de haricots verts
- Flans de poires au tapioca
- Hoummous
- Croquants de saucisse à la compotée de chou rouge
- Flan de coquillettes au curry

Croquants de saucisse à la compotée de chou rouge

- Pommes pochées au cidre

- Pommes de terre farcies à la provençale

- Aspics au jus d'orange

- Blanc de dinde à l'estragon en papillote

- Pommes au pain d'épices

- Poulet sur lit de pommes de terre

- Lasagnes express à la tomate

4 POINTS
par personne

Croquettes de jambon aux herbes

4 personnes
- 300 g de pommes de terre
- 150 g de dés de jambon
- 2 œufs
- 2 CS de farine
- 1 CS de persil haché
- 1 CS de ciboulette ciselée
- 2 CS de chapelure (40 g)
- 2 cc d'huile
- Sel, poivre

Préparation 15 mn • Cuisson 16 mn

1 Peler et rincer les pommes de terre. Les cuire en auto-cuiseur pendant 10 minutes. Les écraser à la fourchette.

2 Mixer grossièrement le jambon.

3 Dans un récipient, battre les œufs en omelette avec la farine. Ajouter le jambon mixé, le persil, la ciboulette et les pommes de terre écrasées. Saler et poivrer. Malaxer et former 12 petites boulettes.

4 Verser la chapelure dans une assiette. Y rouler les croquettes puis les aplatir légèrement.

5 Faire chauffer l'huile dans une poêle antiadhésive, sur feu moyen. Y faire dorer les croquettes 3 minutes de chaque côté. Servir sur des feuilles de salade.

4,5 POINTS par personne

Œufs pochés à la crème d'épinard

4 personnes
- 400 g d'épinards en branches surgelés
- 160 g de lait 1/2 écrémé concentré non sucré
- 4 œufs
- 1 CS de vinaigre d'alcool
- 4 tranches de pain de mie
- 2 cc de matière grasse à 40 %
- Sel, poivre

Préparation 15 mn • Cuisson 18 mn

1 Mettre les épinards encore gelés dans une casserole. Ajouter 4 cuillerées à soupe d'eau. Cuire 15 minutes à feu doux. Verser le lait concentré non sucré et poursuivre la cuisson 1 à 2 minutes. Mélanger et rectifier l'assaisonnement.

2 Verser la crème d'épinard dans 4 coupelles. Les tenir au chaud.

3 Enduire de margarine les tranches de pain de mie. Les toaster au grille-pain.

4 Préparer un saladier d'eau froide.

5 Dans une sauteuse assez large, porter une grande quantité d'eau à ébullition. Ajouter le vinaigre. Quand l'eau commence à frémir, casser les œufs un par un dans l'eau. Ramener le blanc autour du jaune avec une écumoire en prenant soin de ne pas crever ce dernier. Laisser cuire 2 minutes 30. Prélever les œufs avec l'écumoire et les plonger dans l'eau froide. Les déposer ensuite sur la crème d'épinard.

6 Accompagner chaque coupelle d'une tranche de pain de mie grillé coupée en deux.

4,5 POINTS

par personne

Galettes à l'œuf

- 80 g de farine de blé noir
- 1 yaourt nature à 0 %
- 10 cl d'eau
- 2 cc d'huile
- 4 œufs
- 30 g de gruyère allégé
- Sel, poivre

Préparation 10 mn • Repos 30 mn • Cuisson 16 mn

1 Dans une terrine, mélanger la farine avec le yaourt et 1 pincée de sel. Délayer peu à peu avec l'eau. Quand la pâte est homogène, ajouter 1 cuillerée à café d'huile et laisser reposer 30 minutes.

2 Faire cuire les crêpes à feu vif dans une poêle antiadhésive de 18 à 20 cm de diamètre, graissée avec un coton imbibé d'1 cuillerée à café d'huile.

3 Compter 1 minute 30 de cuisson sur la première face et 1 minute sur l'autre face. Répartir le gruyère. Étaler les galettes au fur et à mesure sur des assiettes de service chaudes.

4 Faire cuire les œufs au plat un par un dans la poêle. Saler, poivrer. Les déposer sur les crêpes. Plier les bords en carré sur le blanc d'œuf.

3.5 POINTS
par personne

Rouleaux de jambon à la purée de haricots verts

4 personnes

- 8 tranches de jambon de volaille à 4 %
- 600 g de haricots verts surgelés
- 400 g de pommes de terre
- 10 cl de lait
- 10 cl d'eau
- 2 cc de margarine à 60 %
- 1 cc de persil haché
- Sel, poivre

Préparation **15 mn** • Cuisson **18 mn**

1 Dans un autocuiseur, faire bouillir 2 verres d'eau salée. Déposer les haricots verts dans le panier vapeur. Faire cuire pendant 8 minutes. Égoutter et réserver au chaud.

2 Peler les pommes de terre, les couper en quartiers. Les mettre dans l'autocuiseur avec le lait, l'eau, le sel et le poivre. Faire cuire 10 minutes.

3 Mélanger les haricots verts aux pommes de terre. Passer le tout au moulin. Ajouter la margarine et le persil. Rectifier l'assaisonnement, bien mélanger.

4 Étaler les tranches de jambon, les farcir de purée de haricots verts et former des rouleaux. Servir chaud.

Suggestion : passer sous le gril 2 minutes avant de déguster.

3 POINTS
par personne

Flans de poires au tapioca

4 personnes
- 50 cl de lait écrémé
- 5 CS de tapioca (50 g)
- 2 poires bien mûres
- 4 CS d'édulcorant
- 2 œufs
- 1 dosette de caramel de nappage (25 g)

Préparation 15 mn • Cuisson 33 mn

1 Préchauffer le four (th. 5-6/160 °C).

2 Porter le lait à ébullition. Verser le tapioca en pluie et laisser cuire 8 minutes à feu doux tout en remuant.

3 Peler les poires, les écraser à la fourchette.

4 Fouetter les jaunes d'œufs avec l'édulcorant. Battre les blancs d'œufs en neige bien ferme.

5 Mélanger le tapioca avec la poire écrasée et les jaunes d'œufs. Incorporer délicatement les blancs en neige au mélange.

6 Enduire légèrement de caramel 4 ramequins individuels. Y verser la préparation.

7 Déposer les ramequins dans un plat rempli d'eau chaude jusqu'à mi-hauteur. Faire cuire au four pendant 25 minutes.

2,5 POINTS
par personne

Hoummous

4 personnes
- 1 poivron rouge
- 300 g de pois chiches cuits au naturel
- 1/2 citron
- 1 cc d'ail haché
- 1/2 cc de paprika
- 2 cc d'huile d'olive
- Sel, poivre

Préparation **15 mn** • Cuisson **30 mn** • Réfrigération **1 h**

1 Préchauffer le four (th. 8/240 °C).

2 Envelopper le poivron dans une feuille de papier aluminium. Enfourner sur la plaque du four pour 30 minutes. L'enfermer dans un film alimentaire pendant 5 minutes, puis retirer la peau et les graines.

3 Égoutter les pois chiches. Dans le bol d'un mixeur, verser les pois chiches, le poivron pelé, le jus du citron, l'ail, le paprika et l'huile d'olive. Saler et poivrer. Mixer pour réduire en une fine purée.

4 Verser le hoummous dans un bol, recouvrir d'un film et réserver au réfrigérateur pour 1 heure.

Servir avec des bâtonnets de légumes ou sur des tranches de pain grillé (à comptabiliser).

3,5 POINTS
par personne

Croquants de saucisse à la compotée de chou rouge

4 personnes
- 1 chou rouge
- 2 pommes
- 1 oignon
- 1 cc d'huile
- 12,5 cl de vin blanc sec
- 4 saucisses de volaille
- 4 feuilles de brick
- 1 cc de margarine de cuisson
- Sel, poivre

Préparation **20 mn** • Cuisson **34 mn**

1 Retirer le trognon du chou, le couper en quartiers puis en fines lanières. Les faire blanchir 2 minutes à l'eau bouillante salée. Égoutter.

2 Émincer l'oignon et couper les pommes en quartiers.

3 Dans un autocuiseur, faire chauffer l'huile, y faire revenir l'oignon. Ajouter le chou, les pommes, le vin blanc et un grand verre d'eau. Saler et poivrer. Fermer et laisser cuire 20 minutes à feu doux.

4 Préchauffer le four (th. 7/210 °C).

5 Piquer les saucisses avec une fourchette.

6 Faire fondre légèrement la margarine et en badigeonner les feuilles de brick. Les plier en 4 dans la largeur et y enrouler chaque saucisse. Maintenir avec une pique en bois.

7 Déposer les petits paquets sur une plaque antiadhésive. Enfourner pour 12 minutes jusqu'à ce que les bricks soient dorées et craquantes. Retourner à mi-cuisson.

8 Servir les croquants de saucisse sur la compotée de chou rouge.

6
POINTS
par
personne

Flan de coquillettes au curry

4 personnes
- 200 g de coquillettes
- 3 œufs
- 2 cc de curry
- 30 cl de lait écrémé
- 1 CS de persil haché
- 1 cc de margarine
- Sel, poivre

Préparation 15 mn • Cuisson 38 mn

1 Préchauffer le four (th. 6/180 °C).

2 Dans une casserole d'eau bouillante salée, faire cuire les coquillettes pendant 8 minutes. Les égoutter.

3 Dans un saladier, battre les œufs en omelette, ajouter le curry, le lait et le persil haché. Saler, poivrer et mélanger le tout au fouet.

4 Enduire un plat à gratin de margarine, étaler les pâtes et verser la préparation aux œufs.

5 Enfourner 30 minutes.

1
POINT
par
personne

Pommes pochées au cidre

4 personnes
- 4 pommes
- 1 sachet de sucre vanillé
- 50 cl de cidre (ou de jus de pomme)
- 2 CS de raisins secs (20 g)
- 2 yaourts brassés à 0 %

Préparation 15 mn • Cuisson 40 mn

1 Peler les pommes et les évider du côté opposé à la queue.

2 Dans une casserole, faire chauffer le cidre avec le sucre jusqu'à ébullition. Y plonger les pommes et cuire à feu doux pendant 30 minutes pour les pocher. Enlever les pommes avec une écumoire, les réserver.

3 Ajouter les raisins dans le cidre. Laisser réduire jusqu'à obtenir la valeur d'une tasse de sirop.

4 Répartir les yaourts dans 4 coupelles, déposer une pomme pochée et napper de sirop de cidre.

3
POINTS
par
personne

Pommes de terre farcies à la provençale

4 personnes
- 4 grosses pommes de terre à chair ferme (700 g)
- 1 oignon blanc
- 1 gousse d'ail
- 1 œuf
- 1/2 yaourt doux à 0 %
- 1 steak haché à 5 % (100 g)
- 2 cc d'herbes de Provence surgelées
- 1 petite boîte de pulpe de tomate en dés
- 15 cl de bouillon de volaille dégraissé
- Sel, poivre

Préparation 15 mn • Cuisson 30 mn

1 Préchauffer le four (th. 7-8/220 °C).

2 Peler et rincer les pommes de terre. Couper le chapeau et les creuser.

3 Hacher finement l'ail et l'oignon. Les mettre dans un récipient avec l'œuf battu, le yaourt, la viande hachée émiettée, les herbes de Provence, sel et poivre. Malaxer le tout.

4 Farcir les pommes de terre de cette préparation. Les mettre dans un plat antiadhésif, ajouter la pulpe de tomates et le bouillon. Enfourner pour 30 minutes. Arroser de sauce en cours de cuisson.

POINT

par
personne

Aspics au jus d'orange

4 personnes
- 3 feuilles de gélatine
- 200 g de macédoine de fruits
- 30 cl de jus d'orange
- 1 yaourt brassé à 0 %
- 1 cc d'édulcorant

Préparation 15 mn • Réfrigération 5 h

1 Faire tremper la gélatine dans un bol d'eau froide.
L'essorer.

2 Égoutter la macédoine de fruits. Faire chauffer 3 cuillerés
à soupe de sirop. Y faire fondre la gélatine. Mélanger soigneusement et ajouter le jus d'orange.

3 Verser la moitié du liquide au fond de 4 ramequins d'une
contenance de 10 cl. Laisser rafraîchir 2 heures, ajouter
la macédoine de fruits. Remettre au frais pour 3 heures.

4 Fouetter le yaourt avec l'édulcorant.

5 Démouler les aspics et les napper superficiellement de
yaourt fouetté.

2,5 POINTS
par personne

Blanc de dinde à l'estragon en papillote

2 personnes
- 150 g de champignons de Paris
- 100 g de carotte
- 2 escalopes de dinde de 130 g
- 4 cc de crème à 8 %
- 2 CS d'estragon ciselé
- Sel, poivre du moulin

Préparation 10 mn • Cuisson 15 mn

1 Préchauffer le four (th. 7/210 °C).

2 Couper le pied terreux des champignons, rincer les chapeaux et les couper en lamelles.

3 Peler et détailler la carotte en petits bâtonnets.

4 Étaler 2 feuilles de papier aluminium épais (d'environ 28 x 30 cm) sur un plan de travail. Y répartir les légumes.

5 Disposer une escalope de dinde sur chaque tas de légumes. Saler et donner un tour de moulin à poivre. Arroser de crème et saupoudrer d'estragon.

6 Refermer les papillotes et enfourner pour 15 minutes. Attendre 5 minutes avant d'entrouvrir les papillotes et de les servir.

2,5 POINTS

par personne

Pommes au pain d'épices

2 personnes
- 2 tranches de pain d'épices au miel (20 g chacune)
- 3 pommes
- 1 goutte de pastis
- 1 goutte de vanille liquide
- 1/4 cc de cannelle

Préparation **5 mn** • Cuisson **5 mn**

1 Toaster les tranches de pain d'épices 2 minutes au grille-pain pour les faire durcir. Les réduire en chapelure au robot électrique.

2 Peler et évider les pommes, les couper en morceaux. Les mettre dans un plat en verre culinaire avec 1 cuillerée à soupe d'eau, la goutte de pastis et la goutte de vanille liquide. Saupoudrer de cannelle. Couvrir et cuire 3 minutes au four à micro-ondes (puissance 800 W).

3 Répartir les pommes dans 2 ramequins. Saupoudrer de chapelure de pain d'épices. Servir tiède ou froid.

4,5
POINTS

par
personne

Poulet sur lit de pommes de terre

4 personnes
- 400 g de pommes de terre
- 1 oignon
- 1 branche de céleri
- 4 tomates
- 1 cc d'huile d'olive
- 12,5 cl de vin blanc
- 4 blancs de poulet de 120 g
- 1 cc de thym
- Sel, poivre

Préparation 15 mn • Cuisson 12 mn

1 Peler et rincer les pommes de terre, les couper en 4. Peler et émincer l'oignon. Couper le céleri en fines rondelles. Ébouillanter les tomates, les peler et les couper en petits dés.

2 Dans un autocuiseur, faire chauffer l'huile et y faire revenir l'oignon. Ajouter les tomates, le céleri et le vin blanc. Laisser cuire 2 minutes tout en remuant.

3 Déposer les pommes de terre puis les blancs de poulet. Saler, poivrer et saupoudrer de thym. Fermer ; dès que la soupape chuchote, laisser cuire sur feu moyen pendant 10 minutes.

3,5 POINTS

par personne

Lasagnes express à la tomate

4 personnes
- 4 feuilles de lasagne (140 g)
- 1 bocal de sauce aux tomates fraîches (340 g)
- 4 cc de basilic ciselé surgelé
- 4 cc d'huile d'olive
- 30 g de parmesan râpé
- Sel, poivre

Préparation 15 mn • Cuisson 8 mn (lasagnes)
+ 2 mn (sauce tomate)

1 Porter une grande quantité d'eau bouillante salée à ébullition. Y faire pocher les carrés de lasagne 8 minutes. Égoutter sur un papier absorbant.

2 Réchauffer la sauce tomate 2 minutes dans une petite casserole.

3 Sur chaque assiette de service, déposer une feuille de lasagne, recouvrir de sauce tomate. Asperger d'huile et de parmesan, saupoudrer de basilic et poivrer. Couvrir avec une autre feuille de lasagne. Servir aussitôt.

Les recettes
légères

Le plaisir

en toute légèreté…

- Asperges vertes à la vinaigrette provença[l]
- Moules marinières
- Filets de poisson en papillote
  sauce « chien »
- Gambas grillées poivre et sel
- Poulet aux quarante gousses d'ail
- Fraises à la neige de fromage blanc
- Crème bavaroise au chocolat
- Émincé de poires au miel
  et coulis de kiwi

Filets de poisson en papillotte sauce « chien »

- Huîtres en gelée de concombre

- Poulet en croûte de sel

- Aspics au jus de carotte

- Kiwis farcis

- Tomates farcies au concombre et à la menthe

- Flan aux endives

- Suprêmes de pintade aux pommes

1 POINT
par
personne

Asperges vertes à la vinaigrette provençale

4 personnes
- 1,5 kg d'asperges vertes
- 1 tomate
- 1 CS de vinaigre de vin
- 1 cc de jus de citron
- 2 CS d'huile d'olive
- 1 CS d'eau
- 1/2 gousse d'ail
- 1 CS de basilic ciselé
- Sel, poivre

Préparation 15 mn • Cuisson 15 mn

1 Couper la partie dure proche du pied des asperges (les asperges vertes ne demandent pas d'épluchage). Les faire cuire 15 minutes dans le panier d'un cuit vapeur, puis les égoutter sur un torchon.

2 Retirer le pédoncule de la tomate. La couper en 2. Presser chaque moitié pour éliminer l'eau et les graines, puis la couper en dés.

3 Dans un bol, mélanger le vinaigre, le jus de citron, l'huile d'olive et l'eau. Saler, poivrer. Fouetter à la fourchette pour bien émulsionner la sauce. Ajouter la 1/2 gousse d'ail pressée, la tomate et le basilic.

4 Présenter cette vinaigrette en accompagnement des asperges tiédies.

par
personne

Moules marinières

4 personnes
- 2 kg de moules
- 2 échalotes
- 6 CS de vin blanc sec
- 1 bouquet garni
- 6 brins de persil
- Poivre du moulin

Préparation 25 mn • Cuisson 10 mn

1 Gratter et rincer les moules sans les faire tremper. Éliminer les coquilles béantes ou cassées. Peler et hacher finement les échalotes.

2 Mettre les échalotes dans un faitout avec le vin blanc et le bouquet garni. Faire bouillir et réduire 5 minutes à feu doux. Ajouter les moules dans le faitout. Poivrer. Les faire ouvrir 4 à 5 minutes à feu vif en les tournant avec l'écumoire.

3 Dès que toutes les coquilles sont ouvertes, les retirer et les mettre dans un plat creux avec leur jus de cuisson. Parsemer de persil ciselé et servir sans attendre.

4 POINTS
par personne

Filets de poisson en papillote sauce « chien »

4 personnes
- 4 filets de poisson blanc (cabillaud, merlan ou lieu) de 120 g
- 2 citrons verts
- 4 tomates
- 6 échalotes
- 1 gousse d'ail
- 1 bouquet de coriandre
- 3 CS d'huile d'olive
- Piment de Cayenne
- Sel, poivre

Préparation 20 mn • Cuisson 10 mn

1 Préchauffer le four (th. 6/180 °C).

2 Rincer et essuyer les filets de poisson. Déposer chacun sur 1 feuille d'aluminium. Arroser du jus des citrons verts. Saler, poivrer. Envelopper dans les feuilles d'aluminium pour former des papillotes. Les déposer sur une plaque. Faire cuire 10 minutes au four.

3 Pour la sauce, inciser les tomates en croix. Les ébouillanter, puis les peler et les épépiner. Couper leur chair en petits dés. Peler et hacher les échalotes et l'ail. Ciseler la coriandre.

4 Dans un bol, verser les tomates, les échalotes, l'ail, la coriandre et l'huile d'olive. Assaisonner de sel, de poivre et d'une pointe de piment de Cayenne.

5 Servir à température ambiante avec les filets de poisson dans leur papillote entrouverte.

Gambas grillées poivre et sel

- 24 grosses gambas crues (1 kg)
- Fleur de sel, poivre du moulin

Préparation **5 mn** • Cuisson **5 mn**

1 Faire chauffer à feu vif un gril en fonte à surface lisse ou, à défaut, une grande poêle à revêtement antiadhésif. Saupoudrer de quelques pincées de fleur de sel.

2 Disposer 6 gambas sur une spatule à fentes. Les faire glisser sur le gril ou dans la poêle. Laisser cuire 1 minute, puis les retourner. Saupoudrer à nouveau de fleur de sel, puis les faire glisser sur une assiette. Poivrer généreusement.

3 Faire cuire les gambas restantes en procédant de la même manière. Les servir bien chaudes au fur et à mesure.

Poulet aux quarante gousses d'ail

- 1 poulet fermier de 1,5 kg, prêt à cuire
- 40 gousses d'ail
- 3 brins de thym
- Sel, poivre

Préparation **15 mn** • Cuisson **1 h 30**

1 Piquer les brins de thym dans la chair du poulet. Saler et poivrer. Ficeler le poulet avant de le disposer dans une cocotte en argile qui aura préalablement trempé dans l'eau froide pendant 15 minutes. Entourer le poulet des gousses d'ail non pelées.

2 Glisser la cocotte dans le four froid. Allumer celui-ci sur th. 6 (180 °C). Laisser cuire 1 heure 30.

3 Au terme de la cuisson, découper le poulet. Accompagner de pain de campagne grillé sur lequel les convives étaleront la pulpe d'ail confite.

1 POINT par personne

Fraises à la neige de fromage blanc

4 personnes
- 400 g de petites fraises
- 1 citron non traité
- 250 g de fromage blanc battu à 20 %
- 2 blancs d'œufs
- 2 CS d'édulcorant en poudre
- 1 gousse de vanille

Préparation 15 mn • Cuisson 3 mn

1 Rincer, essuyer et équeuter les fraises. Les répartir dans des coupelles. Râper finement le zeste du citron. Le mettre dans une passoire fine. Plonger celle-ci 3 minutes dans une casserole d'eau bouillante. Rafraîchir et égoutter.

2 Fendre la gousse de vanille. Avec la pointe d'un couteau, racler l'intérieur. Ajouter les petites graines noires au fromage blanc. Sucrer avec l'édulcorant. Ajouter le zeste de citron. Mélanger bien.

3 Monter les blancs d'œufs en neige avec un filet de citron. Les incorporer délicatement au fromage blanc. Recouvrir les fraises de cette mousse. Servir rapidement.

5 POINTS.

par personne

Crème bavaroise au chocolat

4 personnes
- 6 demi-feuilles de gélatine
- 40 cl de lait écrémé
- 2 jaunes d'œufs
- 40 g de cacao non sucré
- 3 CS d'édulcorant en poudre
- 4 feuilles de menthe

Pour la crème anglaise :
- 25 cl de lait écrémé
- 1/2 gousse de vanille
- 3 jaunes d'œufs
- 3 CS d'édulcorant en poudre

Préparation 20 mn • Cuisson 6 mn • Réfrigération 2 h

1 Mettre les demi-feuilles de gélatine à ramollir dans un bol d'eau froide. Porter le lait écrémé à ébullition.

2 Dans une jatte, mélanger les jaunes d'œufs, le cacao et l'édulcorant. Verser progressivement 40 cl de lait bouillant en fouettant vivement. Incorporer la gélatine bien essorée. Répartir cette préparation dans 4 ramequins. Après refroidissement, réserver 2 heures minimum au réfrigérateur.

3 Pour la crème anglaise, porter les 25 cl de lait écrémé à ébullition avec la 1/2 gousse de vanille dans une casserole à fond épais. Laisser infuser la vanille 5 minutes à couvert hors du feu puis la retirer.

4 Dans une jatte, délayer les jaunes d'œufs avec le lait chaud. Sucrer avec l'édulcorant. Reverser le tout dans la casserole. Faire épaissir sur feu doux sans cesser de mélanger avec une cuiller en bois (environ 5 minutes) et sans laisser bouillir. Après refroidissement, réserver également au réfrigérateur.

5 Pour servir, tremper le fond de chaque ramequin dans l'eau chaude puis le retourner sur une assiette. Décorer chaque crème bavaroise d'une feuille de menthe. Entourer de crème anglaise.

0,5 POINT
par
personne

Émincé de poires au miel et coulis de kiwi

4 personnes
- 4 poires
- 1 citron
- 6 CS d'édulcorant en poudre
- 2 CS de miel liquide
- 4 feuilles de menthe

Pour le coulis de kiwi :
- 3 kiwis
- 1 citron vert
- 2 CS d'édulcorant en poudre

Préparation 20 mn • Cuisson 25 mn

1 Dans une casserole, porter 1,5 litre d'eau à ébullition avec le zeste du citron et l'édulcorant en poudre. Peler les poires en laissant la queue. Les citronner et les faire pocher 15 à 20 minutes dans le sirop ; elles doivent être fondantes à cœur.

2 Pour le coulis, éplucher les kiwis. Les couper en morceaux puis les passer au moulin à légumes, grille fine (éviter l'emploi du mixeur qui ferait éclater les petites graines noires, source d'amertume). Ajouter le jus du citron vert et l'édulcorant.

3 Égoutter les poires. Les couper en 2. Retirer le cœur et les pépins, puis émincer chaque moitié en éventail. Les mettre dans un plat à four, puis les badigeonner de miel à l'aide d'un pinceau. Faire caraméliser 2 à 3 minutes sous le gril du four en surveillant bien.

4 Disposer 2 demi-poires sur chaque assiette. Entourer du coulis. Décorer de feuilles de menthe et servir aussitôt.

Huîtres en gelée de concombre

4 personnes
- 24 grosses huîtres creuses
- 1 concombre
- 1 citron vert
- 2 demi-feuilles de gélatine
- 1/2 bouquet de cerfeuil
- Gros sel

Préparation 30 mn • Cuisson 30 sec • Réfrigération 30 mn

1 Éplucher le concombre et le couper en morceaux. Mixer. Filtrer le jus obtenu sans presser (cette opération peut être réalisée avec une centrifugeuse). Ajouter le jus du citron vert. Mettre les demi-feuilles de gélatine à ramollir dans un bol d'eau froide.

2 Ouvrir les huîtres. Faire glisser les chairs avec leur eau dans une casserole. Faire chauffer sur feu doux. Laisser frémir 30 secondes, puis égoutter en conservant l'eau des huîtres.

3 Filtrer cette eau à travers une passoire doublée d'une mousseline. Faire fondre la gélatine bien égouttée, puis l'incorporer au jus de concombre.

4 Déposer les huîtres refroidies dans leur coquille. Poser un petit brin de cerfeuil sur chacune. Placer les coquilles sur des assiettes en les calant sur un lit de gros sel. Répartir la gelée de concombre refroidie mais encore liquide dans les coquilles. Placer 30 minutes au réfrigérateur. Servir très frais.

Poulet en croûte de sel

6 personnes
- 1 poulet fermier de 1,5 kg, prêt à cuire
- 1 gros bouquet de thym
- 3 kg de gros sel gris de mer

Préparation 10 mn • Cuisson 1 h 30

135

1 Préchauffer le four (th. 8-9/250 °C).

2 Glisser le bouquet de thym à l'intérieur du poulet. Coudre l'ouverture. Si le poulet n'est pas bridé, le ficeler pour qu'il soit maintenu bien serré.

3 Tapisser le fond d'une cocotte (à peine plus grande que le poulet) d'une feuille d'aluminium. Verser une couche de 4 cm de gros sel. Déposer le poulet, le bréchet contre le sel. Recouvrir du reste de gros sel. Le poulet doit être recouvert d'une épaisse couche de sel. Enfourner la cocotte non couverte. Faire cuire 1 heure 30.

4 Au terme de la cuisson, retourner la cocotte sur le plan de travail. Casser la croûte de sel à l'aide d'un marteau en faisant attention à la vapeur brûlante qui se dégage.

5 Couper le poulet tout doré en morceaux.

Accompagner de légumes verts à la vapeur.

2,5 POINTS
par personne

Aspics au jus de carotte

4 personnes
- 2 œufs
- 4 crevettes (120g)
- 1 sachet de gelée
- 40 cl de jus de carotte frais
- 120 g de jambon de volaille en dés
- 1/2 cc de sel de mer
- 4 feuilles d'estragon frais
- 4 feuilles de laitue

Préparation 15 mn • Cuisson 10 mn • Réfrigération 4 h

1 Cuire les œufs 10 minutes dans de l'eau bouillante. Les écaler et les couper en 2.

2 Décortiquer les crevettes.

3 Délayer la gelée dans 4 cuillerées à soupe d'eau froide.

4 Faire chauffer le jus de carotte, saler. Ajouter la gelée et mélanger.

5 Rincer les ramequins à l'eau froide sans les essuyer.

6 Au fond de chaque ramequin, disposer une feuille d'es-

tragon, 1/2 œuf, côté bombé sur le dessus, et 1 crevette. Répartir les dés de jambon et verser la préparation au jus de carotte.

7 Réserver 4 heures au réfrigérateur pour faire prendre les aspics.

8 Démouler sur les assiettes de service recouvertes d'une feuille de laitue.

par personne

Kiwis farcis

4 personnes
- 5 kiwis
- 2 rondelles de concombre de 5 mm d'épaisseur
- 1 bâtonnet de surimi
- 2 cc de jus de citron
- 40 g de dés de saumon fumé
- 1/4 oignon rouge
- 1 cc de coriandre ciselée
- Poivre du moulin

Préparation 15 mn

1 Trancher le chapeau et la partie inférieure de 4 kiwis de sorte qu'ils tiennent debout. Les évider à l'aide d'une petite cuiller en prenant soin de ne pas percer le fond. Réserver la pulpe pour un autre usage (jus de fruits, coulis).

2 Peler le cinquième kiwi, le couper en bâtonnets puis en petits dés réguliers. Les mettre dans un bol avec les dés de saumon.

3 Couper les rondelles de concombre, le surimi et l'oignon en petits dés. Les ajouter dans le bol avec le jus de citron et la coriandre. Mélanger et répartir la préparation dans les kiwis évidés. Donner un tour de moulin à poivre. Recoiffer les kiwis de leur chapeau.

4 Servir bien frais avec une petite cuiller.

Ces kiwis peuvent être servis dans des coquetiers ou être transportés dans une boîte à œufs pour un pique-nique. À la maison, ils peuvent accompagner une salade verte ou de crudités (à comptabiliser).

0,5 POINT
par personne

Tomates farcies au concombre et à la menthe

2 personnes
- 2 grosses tomates
- 100 g de concombre
- 2 petits-suisses à 0 %
- 2 CS de menthe ciselée fraîche ou surgelée
- Sel, poivre du moulin

Préparation 10 mn

1 Rincer les tomates, les couper au tiers supérieur et les évider délicatement avec une petite cuiller. Mettre les morceaux de pulpe dans une passoire pour les égoutter puis les couper en petits dés.

2 Peler et couper le concombre en petits dés.

3 Mélanger les petits-suisses avec la menthe, saler et poivrer. Incorporer les dés de tomate et de concombre.

4 Farcir les tomates de la préparation. Servir bien frais.

2,5 POINTS
par personne

Flan aux endives

4 personnes
- 1 cc de margarine à 60 %
- 2 œufs
- 30 g de gruyère allégé râpé
- 1 barquette d'endives sous vide (500 g)
- 1 CS de farine (20 g)
- 20 cl de lait écrémé
- Sel, poivre

Préparation 15 mn • Cuisson 20 mn (four)

1 Préchauffer le four (th. 6/180 °C).

2 Enduire de margarine un plat à gratin antiadhésif. Égoutter et couper les endives en 2. Les étaler dans le plat.

3 Dans un bol, battre les œufs avec la farine et le lait. Ajouter le gruyère, saler et poivrer.

4 Recouvrir les endives de la préparation. Enfourner pour 20 minutes.

5 Servir chaud sur une tranche de jambon (à comptabiliser).

3,5 POINTS
par personne

Suprêmes de pintade aux pommes

4 personnes

- 4 clous de girofle
- 4 suprêmes de pintade de 120 g
- 2 cc de margarine de cuisson à 60 %
- 1 oignon
- 10 cl de jus de pomme
- 4 pommes douces
- 1 cc d'estragon surgelé
- 8 cc de crème épaisse à 8 %
- Sel, poivre

Préparation 20 mn • Cuisson 11 mn (autocuiseur)

1 Piquer 1 clou de girofle dans chaque suprême.

2 Dans un autocuiseur, faire fondre la margarine, y faire revenir brièvement les suprêmes. Ajouter l'oignon émincé, mélanger le tout et verser le jus de pomme. Laisser cuire 5 minutes en remuant de temps en temps.

3 Peler les pommes, les couper en quatre puis retirer le cœur et les pépins. Ajouter les quartiers de pommes dans l'autocuiseur, saler et poivrer. Fermer. Dès que la soupape chuchote, laisser cuire 6 minutes à feu doux.

4 Passer l'autocuiseur sous l'eau froide pour enlever le couvercle plus rapidement. Ajouter l'estragon et la crème à la préparation. Mélanger le tout délicatement.

5 Disposer les morceaux de pintade et les pommes dans les assiettes de service. Arroser de sauce, donner un tour de moulin à poivre et servir aussitôt.

Les recettes
classiques

Recettes allégées, elles sauront
satisfaire les plus grands amateurs
de cuisine traditionnelle…

- Blanquette de poisson
- Brochet au beurre blanc
- Bœuf carottes
- Lapin aux pruneaux
- Baekenofe
- Chou farci
- Perdrix au chou
- Pintade aux lentilles
- Poule au pot

Chou farci

- Bœuf à la ficelle
- Croquettes de poisson
- Lapin parmentier
- Petits puddings aux fruits rouges
- Cocotte de dinde aux petits légumes
- Pommes de terre boulangères

4,5 POINTS

par personne

Blanquette de poisson

4 personnes
- 500 g de filet de cabillaud en morceaux
- 500 g de moules
- 150 g de champignons de Paris
- 4 carottes
- 2 échalotes
- 100 g d'oignons grelots
- 10 cl de vin blanc sec
- 60 cl de lait écrémé
- 2 cc de beurre
- 15 cl de crème fraîche à 8 %
- 1 pincée de sucre
- Sel, poivre

Préparation 30 mn • Cuisson 35 mn

1 Peler et hacher les échalotes. Les mettre dans un faitout avec le vin blanc. Faire bouillir 5 minutes. Ajouter les moules rincées. Poivrer. Les faire ouvrir 3 à 4 minutes à feu vif, puis réserver.

2 Peler les carottes. Les couper en bâtonnets. Nettoyer les champignons. Ébouillanter les oignons grelots afin de les peler facilement. Mettre ces légumes dans une sauteuse. Mouiller d'eau à hauteur. Ajouter le beurre, le sucre, le sel et le poivre. Faire cuire 20 minutes sans couvrir jusqu'à évaporation du liquide, puis les remuer dans le fond de cuisson jusqu'à légère coloration.

3 Mettre les morceaux de cabillaud dans une casserole. Couvrir de lait. Saler et poivrer. Laisser pocher 6 minutes à frémissement. Entre-temps, verser le jus des moules filtré dans une casserole. Ajouter la crème. Faire bouillir et réduire 5 minutes.

4 Égoutter les morceaux de cabillaud. Les mettre dans un plat creux avec les moules décoquillées et les légumes. Napper de sauce à la crème et servir.

6 POINTS

par personne

Brochet au beurre blanc

4 personnes

- 1 brochet de 1,4 kg, vidé mais non écaillé
- 1 bouquet garni
- 1 citron
- 10 cl de vinaigre de vin blanc
- 2 carottes
- Gros sel, poivre en grains
- 2 oignons

Pour le beurre blanc :

- 2 échalotes
- 5 cl de vin blanc sec
- 5 cl de vinaigre de vin blanc
- 15 cl de crème fraîche à 8 %
- 100 g de beurre allégé demi-sel à 41 %
- Poivre blanc

Préparation 20 mn • Cuisson 40 mn

1 Préparer un court-bouillon : porter 2 litres d'eau salée à ébullition avec le vinaigre. Ajouter les carottes et les oignons épluchés, le bouquet garni et une dizaine de grains de poivre. Faire cuire 20 minutes à petits bouillons.

2 Après refroidissement, faire pocher le brochet vidé mais non écaillé (la peau se retirera plus facilement) 20 minutes à frémissement.

3 Préparer le beurre blanc : peler et hacher finement les échalotes. Les mettre dans une petite casserole avec le vin blanc et le vinaigre. Faire bouillir et réduire sur feu doux jusqu'à ce qu'il reste la valeur de 2 cuillerées à soupe de liquide. Ajouter la crème à cette réduction. Poursuivre la cuisson 2 minutes hors du feu, incorporer le beurre en parcelles en secouant la casserole dans un mouvement de va-et-vient afin de bien émulsionner la sauce. Relever de poivre blanc.

4 Égoutter le brochet. Le dresser sur un plat. Retirer la peau. Entourer de quartiers de citron. Accompagner de beurre blanc en saucière.

7 POINTS

par personne

Bœuf carottes

6 personnes
- 1,2 kg d'aiguillette de bœuf ficelée mais non bardée
- 1,5 kg de carottes
- 1 oignon
- 1 bouquet garni
- 1 CS de cognac
- 1 CS d'huile
- 1 cc de sucre
- Sel, poivre

Préparation **30 mn** • Cuisson **3 h 15**

1 Préchauffer le four (th. 4-5/140 °C).

2 Peler et couper les carottes en rondelles de 5 mm d'épaisseur.

3 Faire chauffer l'huile dans une cocotte allant au four. Faire revenir la viande sur toutes ses faces (10 à 15 minutes). Saler et poivrer. Arroser de cognac tiédi. Flamber hors du feu. Ajouter les carottes autour de la viande. Assaisonner de sel, de poivre et de sucre. Mouiller avec 10 cl d'eau. Ajouter le bouquet garni. Couvrir. Glisser la cocotte dans le four. Laisser cuire 3 heures.

4 Pour servir, couper la viande en tranches. Entourer des carottes et arroser le tout du jus de cuisson.

7 POINTS

par personne

Lapin aux pruneaux

4 personnes
- 1 lapin fermier de 1,5 kg, coupé en morceaux
- 200 g de pruneaux
- 2 oignons
- 3 tomates
- 1 gousse d'ail
- Le zeste d'une orange non traitée
- 50 cl de vin rouge consé
- 1 CS de concentré de tomates
- 1 bouquet garni
- 2 cc d'huile
- 1 CS de porto
- Sel, poivre

Macération 1 h • Préparation 30 mn • Cuisson 1 h

1 Mettre les pruneaux à tremper 1 heure dans le vin rouge.

2 Chauffer l'huile dans une cocotte. Faire dorer les morceaux de lapin 8 à 10 minutes. Saler, poivrer.

3 Les retirer et les remplacer par les oignons hachés. Laisser fondre 2 ou 3 minutes. Remettre les morceaux de lapin. Ajouter les tomates pelées, épépinées et concassées, l'ail écrasé, le concentré de tomates et le bouquet garni. Mouiller avec la moitié du vin rouge et 15 cl d'eau. Laisser cuire 45 minutes à feu doux.

4 Entre-temps, faire pocher les pruneaux dans le reste de vin rouge avec le zeste d'orange. Égoutter et ajouter la préparation dans le faitout à mi-cuisson du lapin.

5 Au terme de la cuisson, retirer le bouquet garni. Rectifier l'assaisonnement du jus de cuisson. Relever de porto.

Accompagner de pâtes fraîches (à comptabiliser).

10,5 POINTS

par personne

Baekenofe

6 personnes

- 350 g d'épaule d'agneau en morceaux
- 350 g d'échine de porc en morceaux
- 350 g de bœuf à braiser en morceaux
- 600 g de pommes de terre à chair ferme
- 600 g d'oignons
- 40 cl de vin blanc d'Alsace
- 2 gousses d'ail
- 2 feuilles de laurier
- 2 cc de saindoux
- 2 clous de girofle
- Sel, poivre

Macération 12 h • Préparation 30 mn • Cuisson 4 h

1 La veille, mettre les morceaux de viande à mariner dans le vin blanc avec un oignon piqué des clous de girofle, le laurier et l'ail écrasé. Réserver au réfrigérateur.

2 Le jour même, préchauffer le four (th. 5/150 °C). Peler et émincer les pommes de terre et les oignons restants.

3 Graisser une cocotte en terre vernissée avec le saindoux. La remplir d'une couche de pommes de terre, des viandes égouttées puis d'une couche d'oignons. Recommencer jusqu'à épuisement des ingrédients. Terminer par une couche de pommes de terre. Saler et poivrer entre chaque couche.

4 Retirer l'oignon de la marinade. La verser dans la cocotte. Au besoin, ajouter un peu d'eau afin que le liquide affleure la dernière couche. Fermer hermétiquement à l'aide d'un cordon de pâte faite de farine délayée dans un peu d'eau. Faire cuire 4 heures au four. Servir dans la cocotte.

Autrefois cuit dans le four du boulanger, ce plat typiquement alsacien peut être mis à mijoter 3 heures la veille. Il suffira de terminer la cuisson 1 heure avant de passer à table.

7,5 POINTS par personne

Chou farci

6 personnes

- 400 g d'échine de porc hachée
- 400 g d'épaule de veau hachée
- 150 g de mie de pain de campagne rassis
- 1 tablette de bouillon de légumes
- 20 cl de lait écrémé
- 1 bouquet de persil ciselé
- Quatre-épices

- 1 chou vert
- 4 carottes
- 2 navets
- 4 oignons
- 1 œuf
- 2 cc d'huile
- Sel, poivre

Préparation 45 mn • Cuisson 2 h 45

1 Faire fondre 2 oignons hachés à la poêle dans 2 cuillerées à café d'huile pendant 2 à 3 minutes à feu doux. Dans une terrine, mélanger les viandes hachées, les oignons tiédis, la mie de pain imbibée de lait et pressée et l'œuf. Assaisonner de sel, de poivre et de quatre-épices.

2 Éplucher et couper les carottes, les navets et 2 oignons en dés. Les faire cuire 3 minutes à l'eau bouillante salée. Rafraîchir et égoutter. Retirer les feuilles extérieures du chou. Le couper à la base, puis le faire cuire entier 10 minutes à l'eau bouillante salée. Rafraîchir et égoutter.

3 Préchauffer le four (th. 5/150 °C). Écarter les feuilles du chou jusqu'à ce que le cœur apparaisse. Couper ce cœur. Mélanger les viandes hachées avec le persil ciselé. Façonner la moitié de la farce en boule que vous placerez au centre du chou à la place du cœur. Rabattre les premières feuilles sur la farce. Reformer le chou en glissant les dés de légumes et le reste de farce entre les feuilles du chou. Ficeler le chou pour le maintenir bien fermé.

4 Mettre le chou dans une cocotte. Mouiller avec 40 cl d'eau bouillante. Ajouter la tablette de bouillon. Faire cuire 1 heure 30 au four. Servir le chou débarrassé des ficelles et arrosé d'un peu de jus de cuisson.

Réserver le cœur du chou non utilisé pour une salade ou des paupiettes à la vapeur.

6,5
POINTS

par
personne

Perdrix au chou

4 personnes

- 2 perdrix de 500 g à 600 g, prêtes à cuire
- 60 g de lardons fumés
- 1 chou vert frisé
- 1 oignon
- 2 carottes
- 1 bouquet garni
- 1 CS de graisse d'oie
- 2 clous de girofle
- Sel, poivre

Préparation 30 mn • Cuisson 1 h 45

1 Retirer les premières feuilles du chou et le trognon. Couper le chou en 8 quartiers. Les faire blanchir 5 minutes dans de l'eau bouillante salée. Rafraîchir et égoutter.

2 Mettre le chou, les lardons, l'oignon piqué des clous de girofle et le bouquet garni dans une cocotte. Saler et poivrer. Mouiller avec 15 cl d'eau. Couvrir. Laisser cuire 1 heure à feu doux.

3 Saler et poivrer les perdrix. Les faire colorer 15 minutes environ dans la graisse d'oie en les retournant. Les ajouter dans la cocotte avec les carottes émincées. Poursuivre la cuisson 40 minutes à couvert. En fin de cuisson, retirer l'oignon et le bouquet garni.

4 Fendre les perdrix en deux. Les dresser sur le chou et arroser du jus de cuisson. Servir bien chaud.

10,5 POINTS

par personne

Pintade aux lentilles

4 personnes
- 1 pintade fermière de 1,5 kg, prête à cuire
- 100 g de lardons fumés
- 200 g de lentilles vertes
- 2 oignons
- 2 carottes
- 2 clous de girofle
- 1 bouquet garni
- 2 cc d'huile
- Sel, poivre

Préparation 30 mn • Cuisson 1 h 15

1 Saler et poivrer la pintade. La mettre dans un plat à rôtir puis le glisser dans le four. Allumer celui-ci sur th. 7 (210 °C). Laisser cuire 45 minutes.

2 Pendant ce temps, faire légèrement dorer les lardons à feu doux dans une cocotte puis réserver. Les remplacer par un oignon et les carottes hachés. Mélanger 5 minutes à feu doux. Ajouter les lentilles, le deuxième oignon piqué des clous de girofle et le bouquet garni. Mouiller d'eau à hauteur. Laisser cuire 20 minutes à couvert. Ajouter la pintade avec les lardons dans les lentilles. Poursuivre la cuisson 30 minutes.

3 En fin de cuisson, retirer l'oignon piqué des clous de girofle et le bouquet garni. Rectifier l'assaisonnement. Égoutter les lentilles. Les mettre dans un plat creux. Disposer la pintade coupée en morceaux. Servir très chaud.

Pour que les lentilles soient bien moelleuses, utiliser une eau faiblement minéralisée et saler en fin de cuisson.

Poule au pot

6 personnes
- 1 poulet fermier d'environ 1,8 kg
- 150 g de jambon à l'os haché
- 2 gousses d'ail
- 3 échalotes
- 1/2 bouquet de persil
- 100 g de foies de volaille

- 100 g de pain de mie
- 15 cl de lait écrémé
- 1 œuf
- 2 cc d'huile
- Noix muscade, sel, poivre

Pour le bouillon :
- 8 carottes
- 3 navets
- 1 gros oignon

- 8 blancs de poireaux
- 1 petit céleri rave
- 2 clous de girofle

- 1 gros bouquet garni (thym, laurier, persil, céleri)
- Gros sel, poivre en grains

Préparation 30 mn • Cuisson 1 h 30

1 Faire tremper le pain de mie dans le lait tiédi. Mettre les foies de volaille à revenir 2 minutes à la poêle dans 2 cuillerées à café d'huile. Laisser tiédir, puis couper en dés. Les mettre dans une terrine avec le pain bien pressé, le jambon, les échalotes et l'ail hachés, le persil ciselé puis l'œuf battu. Assaisonner de sel, de poivre et de muscade.

2 Remplir le poulet de cette farce en tassant bien. Coudre l'ouverture avec du fil de cuisine. Maintenir les ailes et les cuisses en ficelant le poulet.

3 Le mettre dans un grand faitout avec l'oignon piqué des clous de girofle, le bouquet garni, 2 carottes, 2 poireaux et une douzaine de grains de poivre. Recouvrir d'eau. Porter à ébullition en écumant. Saler. Couvrir le faitout en laissant une ouverture. Laisser cuire 1 heure à petits bouillons.

4 Retirer les légumes qui ont parfumé le bouillon. Les remplacer par le reste des carottes et des poireaux liés en bottes, les navets coupés en deux et le céleri en morceaux. Poursuivre la cuisson 30 minutes.

5 Présenter le poulet entouré des légumes égouttés. Accompagner du bouillon filtré et dégraissé.

3,5 POINTS

par personne

Bœuf à la ficelle

6 personnes

- 1 kg de filet de bœuf ficelé en rôti mais non bardé
- 6 carottes
- 6 petits navets
- 2 cœurs de céleri-branche
- 1 oignon
- 6 petits poireaux
- 1 bouquet garni
- Gros sel, poivre en grains
- 2 clous de girofle

Préparation 30 mn • Cuisson 40 mn

1 Porter 3 litres d'eau à ébullition dans un grand faitout avec l'oignon piqué des clous de girofle, le bouquet garni et 12 grains de poivre. Ajouter les carottes et les navets épluchés, les poireaux fendus, rincés et liés en bottes, ainsi que les cœurs de céleri coupés en 4. Laisser cuire 20 minutes.

2 Nouer 2 morceaux de ficelle à chaque extrémité du filet de bœuf. Le plonger dans le bouillon en liant les ficelles aux poignées du faitout afin que la viande ne touche pas le fond et soit juste immergée. Laisser cuire 20 minutes à petits bouillons. Saler à mi-cuisson.

3 Pour servir, égoutter la viande. Retirer les ficelles, puis couper le rôti en tranches épaisses. Les dresser sur un plat chaud. Entourer des légumes. Accompagner du bouillon filtré, de fleur de sel, de poivre du moulin ainsi que de diverses moutardes et de cornichons au vinaigre.

Pour une variante raffinée, parfumer le bouillon de cuisson de gingembre frais râpé que vous disposerez à table dans des tasses.

Croquettes de poisson

4 personnes
- 200 g de pommes de terre
- 200 g de cabillaud surgelé
- 2 œufs
- 2 CS de farine

- 2 CS de persil haché
- 40 g de chapelure
- 2 cc d'huile d'olive
- Sel, poivre

Préparation 15 mn • Cuisson 30 mn

1 Rincer les pommes de terre. Les faire cuire à la vapeur 10 minutes. Éplucher et écraser à la fourchette.

2 Faire pocher le poisson 10 minutes dans un peu d'eau bouillante salée. Égoutter.

3 Dans un récipient, mélanger les pommes de terre et le poisson avec les œufs battus, la farine, le persil, sel et poivre. Malaxer et former 12 boulettes.

4 Dans une assiette, verser la chapelure. Y rouler les croquettes. Les aplatir légèrement.

5 Dans une poêle antiadhésive, à feu moyen, verser l'huile. Y faire cuire les croquettes 5 minutes de chaque côté.

Lapin parmentier

4 personnes
- 1 échalote
- 360 g de râble de lapin
- 1 CS de thym
- 2 CS de persil haché

- 2 cc de margarine à 60 %
- 12,5 cl de vin blanc
- 600 g de pommes de terre
- Sel, poivre

Préparation 30 mn • Cuisson 25 mn

1 Émincer l'échalote. La faire revenir dans un autocuiseur avec 1 cuillerée à café de margarine, ajouter le râble de lapin, le faire dorer brièvement puis mouiller avec le vin

blanc et 1 verre d'eau. Saler, poivrer et saupoudrer de thym. Refermer et faire cuire 15 minutes. Égoutter le lapin, réserver la sauce.

2 Rincer les pommes de terre. Les mettre dans un récipient en verre culinaire avec 1 cuillerée à soupe d'eau, couvrir et faire cuire au four à micro-ondes (puissance 800 W) 10 minutes.

3 Peler et écraser les pommes de terre au presse-purée, incorporer la cuillerée de margarine restante, saler et poivrer. Répartir la purée de pommes de terre dans 4 ramequins. Saupoudrer de persil. Effilocher la chair du lapin, la répartir dans les ramequins, arroser d'un peu de sauce de cuisson. Servir bien chaud.

2,5 POINTS
par personne

Petits puddings aux fruits rouges

4 personnes
- 2 cc de margarine à 60 %
- 1 œuf entier + 1 jaune
- 1 yaourt aux fruits rouges à 0 %
- 150 g de fruits rouges (groseilles ou cassis)
- 2 sachets de sucre vanillé
- 2 CS d'édulcorant
- 2 CS de farine

Préparation 15 mn • Cuisson 30 mn

1 Préchauffer le four (th. 5/150 °C).

2 Enduire de margarine 4 petits ramequins d'une contenance de 10 cl. Les poudrer légèrement de sucre vanillé.

3 Égrener les fruits rouges, les répartir dans les ramequins (en réserver quelques-uns pour le décor).

4 Battre l'œuf entier et le jaune avec l'édulcorant. Ajouter la farine et le yaourt. Fouetter le tout.

5 Verser ce mélange sur les fruits. Enfourner pour 30 minutes dans un bain-marie d'eau tiède.

6 Servir tiède. Décorer avec les fruits réservés.

2,5 POINTS
par personne

Cocotte de dinde aux petits légumes

6 personnes

- 6 petits navets roses
- 4 carottes nouvelles
- 3 gousses d'ail
- 12 oignons grelots
- 1 rôti de dinde de 600 g
- 1 cc d'huile d'olive
- 50 cl de bouillon de volaille dégraissé
- 200 g de petits pois surgelés
- Sel, poivre

Préparation 15 mn • Cuisson 20 mn

1. Préchauffer le four (th. 7/210 °C).

2. Peler les navets et les carottes, les détailler en julienne. Peler les gousses d'ail et les oignons.

3. Piquer les gousses d'ail dans le rôti. Saler et poivrer.

4. Dans une cocotte, faire dorer le rôti dans l'huile sur toutes ses faces. Verser le bouillon de volaille puis ajouter les légumes préparés. Enfourner pour 10 minutes.

5. Arroser le rôti de jus et le retourner, ajouter les petits pois surgelés et poursuivre la cuisson 10 minutes. Couper le rôti en 6 tranches, les disposer sur un plat de service et entourer de petits légumes.

3 POINTS
par personne

Pommes de terre boulangères

4 personnes
- 50 cl de bouillon de volaille dégraissé
- 600 g de pommes de terre
- 300 g d'oignons rouges (4)
- 2 cc de margarine à 60 %
- 1 CS de thym surgelé
- 30 g de gruyère allégé râpé
- Poivre

Préparation 15 mn • Cuisson 35 mn

1 Préchauffer le four (th. 6-7/200 °C).

2 Faire chauffer le bouillon de volaille.

3 Peler et rincer les pommes de terre. Les couper en rondelles.

4 Émincer les oignons en rondelles. Les faire fondre doucement dans une poêle antiadhésive avec la margarine, pendant 10 minutes. Si besoin est, ajouter un peu d'eau : ils ne doivent pas griller.

5 Dans un plat à gratin antiadhésif, disposer une couche de rondelles de pommes de terre, une couche d'oignons puis à nouveau une couche de rondelles de pommes de terre. Poivrer et saupoudrer de thym. Couvrir à hauteur de bouillon.

6 Enfourner pour 20 minutes (si le bouillon est absorbé par les pommes de terre lors de la cuisson, rajouter un peu d'eau).

7 Saupoudrer de gruyère râpé et faire gratiner 5 minutes sous le gril.

Les recettes

plaisir

Ce sont celles que l'on apprécie

doublement car elles transforment

le désir en plaisir...

- Puits de concombre au tarama de haddock
- Mousse moka
- Salade de figues à la mozzarella
- Poires farcies au chèvre frais
- Soupière de pétoncles et palourdes au gingembre
- Minestrone de fruits frais
- Nage d'agrumes au miel
- Mousse au citron

Salade de figues à la mozarella

- Gratin d'abricots aux amandes et lavande
- Sabayon fruité
- Coupe canari
- Rouleaux de crêpes au fromage blanc et aux fruits
- Galettes de carotte à la mâche
- Bar à l'anis
- Ramequins de nectarines et groseilles

Puits de concombre au tarama de haddock

4 personnes

- 1 concombre
- 200 g de filet de haddock
- 80 g de mie de pain
- 15 cl de crème fraîche à 15 %
- 30 cl de lait écrémé
- 3 échalotes
- 1 citron vert
- 2 cc d'huile d'olive
- 1/2 botte de ciboulette
- Sel, poivre blanc

Préparation 15 mn • Repos 15 mn

1 Retirer la peau du filet de haddock. L'arroser avec 20 cl de lait. Réserver 15 minutes. Placer la crème 15 minutes au congélateur afin qu'elle soit très froide.

2 Entre-temps, arroser la mie de pain avec 10 cl de lait. Peler et hacher les échalotes. Canneler le concombre. Le couper en tronçons de 4 cm. Creuser chacun des morceaux de concombre. Saler l'intérieur et les retourner sur une assiette.

3 Égoutter et essuyer le filet de haddock. Le couper en morceaux. Mixer le poisson avec les échalotes, la mie de pain bien pressée, le jus du citron vert, la crème très froide et l'huile d'olive. Poivrer.

4 Remplir les puits de concombre de ce tarama de haddock. Parsemer de ciboulette ciselée. Servir très frais.

Mousse moka

4 personnes

- 100 g de chocolat noir riche en cacao
- 3 œufs extra frais
- 1 cc de café soluble
- 1 pincée de sel

Préparation 20 mn • Cuisson 5 mn • Réfrigération 3 h

1 Casser le chocolat en morceaux. Les mettre dans une terrine avec le café soluble délayé dans 1 cuillerée à soupe d'eau.

2 Faire fondre le tout soit au bain-marie à feu doux (5 minutes), soit au micro-ondes à puissance moyenne (2 minutes). Lisser le mélange.

3 Séparer les jaunes des blancs d'œufs. Ajouter les jaunes d'œufs au chocolat tiédi en remuant vivement.

4 Monter les blancs d'œufs en neige ferme avec 1 pincée de sel. Les incorporer délicatement à la préparation précédente. Répartir cette mousse dans des verres.

5 Réserver 3 heures minimum au réfrigérateur avant de servir.

6 POINTS
par personne

Salade de figues à la mozzarella

4 personnes
- 8 figues violettes
- 150 g de mozzarella
- 1 citron
- Fleur de sel, poivre du moulin
- 1 gousse d'ail
- 20 g de pignons
- 4 feuilles de menthe
- 4 cc d'huile d'olive

Préparation 15 mn • Repos 1 h

1 Couper la mozzarella en fines tranches. Les mettre dans un plat. Dans un bol, mélanger le jus du citron, l'ail pressé, 1 pincée de fleur de sel et l'huile d'olive. Fouetter pour émulsionner la sauce. Poivrer. Verser sur la mozzarella. Couvrir de film étirable. Laisser macérer 1 heure au réfrigérateur en retournant les tranches de mozzarella 2 ou 3 fois dans la marinade.

2 Faire dorer les pignons à sec dans une poêle à revêtement antiadhésif bien chaude. Réserver.

3 Essuyer les figues. Les couper en tranches. Les disposer dans un plat en les intercalant avec les tranches de mozzarella. Arroser de marinade. Poivrer. Éparpiller les pignons. Décorer de feuilles de menthe et servir.

3 POINTS

par personne

Poires farcies au chèvre frais

4 personnes
- 4 poires
- 100 g de fromage de chèvre frais
- 30 g de pignons
- 1 cœur de céleri-branche
- 1 citron
- 1 CS de vin blanc
- 2 cc d'huile d'olive
- Poivre

Préparation **20 mn** • Cuisson **2 mn**

1 Dans une terrine, écraser le fromage de chèvre frais avec le vin blanc et l'huile d'olive. Poivrer.

2 Faire dorer les pignons à sec pendant 1 à 2 minutes dans une poêle à revêtement antiadhésif bien chaude. Les incorporer au fromage de chèvre avec le cœur de céleri finement émincé.

3 Couper les poires en 2. Éliminer le cœur. Prélever la pulpe à 1 cm de la peau. Citronner les demi-poires évidées. Couper la pulpe en dés. Les citronner et les ajouter dans la terrine. Mélanger le tout délicatement.

4 Remplir les demi-poires de cette préparation. Parsemer de jeunes feuilles de céleri-branche. Servir frais.

Soupière de pétoncles et palourdes au gingembre

4 personnes
- 500 g de noix de pétoncles
- 12 palourdes
- 1 bouquet de coriandre
- Poivre du moulin
- 1 morceau de gingembre frais de 2 cm
- 1 litre de bouillon de volaille dégraissé

Préparation 20 mn • Cuisson 2 mn

1 Éplucher le morceau de gingembre. Le couper en fins bâtonnets. Ciseler les feuilles de coriandre.

2 Rincer et éponger les noix de pétoncles. Les mettre dans une soupière avec le gingembre et la coriandre. Ouvrir les palourdes. Vider leur eau dans la soupière. Les détacher de leur coquille. Les ajouter également dans la soupière. Donner quelques tours de moulin à poivre.

3 Porter le bouillon de volaille à ébullition. Faire bouillir et réduire 2 minutes à feu vif. Verser le bouillon dans la soupière. Couvrir aussitôt. Laisser en attente 5 minutes, temps nécessaire à la cuisson des coquillages et au développement des arômes. Apporter la soupière sur la table et soulever le couvercle devant les convives.

Minestrone de fruits frais

4 personnes
- 2 mangues
- 2 kiwis
- 150 g de fraises des bois
- 3 CS d'édulcorant en poudre
- 1 gousse de vanille
- 12 feuilles de basilic
- 1 citron vert

Préparation 30 mn • Cuisson 5 mn • Repos 2 h

1 Préparer un sirop : dans une casserole, chauffer 25 cl d'eau avec l'édulcorant en poudre et la gousse de vanille fendue. Laisser frémir 5 minutes. Retirer la vanille, puis gratter l'intérieur de la gousse avec un petit couteau afin de n'en garder que les grains. Les remettre dans le sirop. Mélanger avec un fouet à main. Ajouter 6 feuilles de basilic finement ciselées. Laisser refroidir, puis réserver au réfrigérateur 2 heures minimum.

2 Éplucher les mangues et les kiwis. Couper la chair en dés réguliers d'environ 5 mm de côté. Ajouter ces fruits dans le sirop avec le zeste finement râpé et le jus du citron vert.

3 Pour servir, répartir ce « minestrone » dans des coupelles. Garnir avec les fraises des bois et décorer avec les feuilles de basilic restantes. Déguster très frais.

0,5 POINT.

par personne

Nage d'agrumes au miel

4 personnes
- 2 pomelos (1 rose et 1 jaune)
- 4 oranges
- 2 citrons verts
- 2 CS de miel
- 4 CS d'édulcorant en poudre

Préparation 20 mn • Cuisson 12 mn • Repos 2 h

1 Avec un épluche-légumes, prélever les zestes de 2 oranges et de 1 citron vert. Les couper en fins bâtonnets. Les faire blanchir 2 minutes à l'eau bouillante. Les rafraîchir et les égoutter.

2 Dans une casserole, porter 15 cl d'eau à ébullition avec l'édulcorant. Laisser frémir 2 minutes. Y faire confire les zestes 10 minutes à feu doux. Hors du feu, faire fondre le miel. Ajouter le jus de 2 oranges et de 1 citron vert.

3 Éplucher les pomelos, 2 oranges et 1 citron vert à vif en éliminant toutes les petites peaux blanches. Séparer les quartiers en procédant au-dessus de la casserole contenant les zestes afin d'en recueillir le jus. Mettre ces quartiers d'agrumes dans une jatte. Les arroser avec le sirop et ajouter les zestes refroidis. Réserver 2 heures au réfrigérateur. Servir très frais.

2,5
POINTS
par
personne

Mousse au citron

4 personnes
- 2 citrons non traités
- 4 œufs + 2 blancs d'œufs
- 6 CS d'édulcorant en poudre
- 2 demi-feuilles de gélatine
- 1 pincée de sel

Préparation **20 mn** • Cuisson **12 mn** • Repos **3 h**

1 Râper finement les zestes des citrons. Les mettre dans une passoire fine. Plonger celle-ci 2 minutes dans une casserole d'eau bouillante. Rafraîchir et égoutter. Mettre la gélatine à ramollir dans un bol d'eau froide.

2 Séparer les jaunes des blancs d'œufs. Mettre les jaunes d'œufs dans une terrine avec les zestes et l'édulcorant. Placer la terrine au bain-marie à feu doux. Verser le jus des citrons en fouettant sans cesse au batteur électrique jusqu'à ce que la préparation épaississe et devienne crémeuse (environ 10 minutes).

3 Faire fondre la gélatine bien égouttée dans 1 cuillerée à soupe d'eau chaude. L'incorporer à la préparation en fouettant. Continuer à fouetter hors du bain-marie jusqu'à refroidissement.

4 Monter les blancs d'œufs en neige avec 1 pincée de sel. Les incorporer délicatement à la préparation. Répartir cette mousse dans des coupes. Réserver 3 heures au réfrigérateur avant de servir.

4 POINTS par personne

Gratin d'abricots aux amandes et lavande

6 personnes
- 1 kg d'abricots
- 40 g d'amandes en poudre
- 20 g d'amandes effilées
- 40 g de farine
- 5 CS d'édulcorant en poudre
- 3 CS rases de beurre ramolli
- 1 cc de fleurs de lavande
- 1 pincée de sel

Préparation 20 mn • Cuisson 45 mn

1 Préchauffer le four (th. 5/150 °C).

2 Dénoyauter les abricots et les couper en quartiers. Les disposer bien serrés dans un plat à gratin, côté peau contre le plat.

3 Dans une terrine, mélanger les amandes en poudre, la farine, l'édulcorant, le beurre ramolli et le sel en effritant la pâte entre les mains afin d'obtenir un mélange sableux. Incorporer les amandes effilées et les fleurs de lavande. Recouvrir les abricots de cette pâte.

4 Faire cuire 45 minutes au four. Servir tiède dans le plat de cuisson.

Sabayon fruité

4 personnes
- 4 jaunes d'œufs
- 15 cl de nectar de poire
- 4 CS d'édulcorant en poudre
- 1/2 feuille de gélatine
- 1 CS de muscat

Préparation 20 mn • Cuisson 10 mn

1 Mettre la gélatine à ramollir dans un bol d'eau froide.

2 Dans une jatte, fouetter au batteur électrique les jaunes d'œufs avec 5 cl de nectar de poire et l'édulcorant en poudre jusqu'à ce que ce mélange soit mousseux.

3 Placer la jatte au-dessus d'un bain-marie frémissant. Incorporer le reste de nectar de poire en continuant à fouetter au batteur électrique jusqu'à ce que le mélange épaississe et triple de volume (environ 10 minutes). Veiller à ne pas trop le chauffer. Au besoin, retirer régulièrement la jatte du bain-marie.

4 Faire fondre la gélatine bien égouttée dans 1 cuillerée à soupe d'eau chaude. L'incorporer dans le sabayon en continuant à battre. Parfumer de muscat.

5 Déguster tiède en accompagnement de poires pochées ou d'une compote de fruits. Si vous souhaitez le servir froid, continuer à fouetter le sabayon hors du bain-marie jusqu'à complet refroidissement.

Coupe canari

4 personnes
- 2 petits melons jaunes (type Canari)
- 1/2 citron
- 2 CS d'édulcorant
- 2 pêches jaunes
- 2 abricots
- 4 feuilles de menthe

Préparation 15 mn • Réfrigération 30 mn

1 Couper les melons dans le sens de la longueur. Retirer les pépins et les filaments. Les évider avec une cuiller parisienne pour prélever des billes de chair, les réserver. Racler les coques pour les lisser. Mixer les morceaux de chair récupérés avec le jus du citron et l'édulcorant. Réserver.

2 Peler et dénoyauter les pêches, les couper en petites tranches. Dénoyauter les abricots, les couper en quartiers.

3 Répartir tous les fruits dans les coques. Ajouter la menthe ciselée et napper de coulis de melon. Servir bien frais.

Pour un effet décoratif, découper le bord des coques de melon en dents de scie avec un couteau bien affûté. Relever éventuellement cette salade de fruits de 2 clous de girofle moulus.

2 POINTS
par personne

Rouleaux de crêpes au fromage blanc et aux fruits

2 personnes
- 200 g de fromage blanc en faisselle à 0 %
- 2 crêpes nature du commerce (30 g chacune)
- 2 CS d'édulcorant
- 1 nectarine
- 1 kiwi

Préparation 5 mn • Cuisson 1 mn

1 Peler le kiwi et dénoyauter la nectarine. Les couper en petits dés.

2 Égoutter le fromage blanc, le battre avec l'édulcorant. Incorporer les dés de fruits et mélanger.

3 Réchauffer chaque crêpe 30 secondes au four à micro-ondes (puissance 800 W) afin de les faire ramollir. Les farcir de la préparation et les refermer en rouleau ou en triangle.

Selon la saison, remplacer la nectarine par 1 poire ou 50 g de fruits rouges.

Galettes de carotte à la mâche

4 personnes

- 1 œuf
- 2 cc d'huile de noix
- 7 CS de farine (140 g)
- 20 cl de lait écrémé
- 1 grosse carotte
- 4 portions de fromage frais allégé (70g)

- 1 CS de ciboulette
- 1 cc d'échalote surgelée
- 1 petite barquette de mâche
- 1 cc de vinaigre balsamique
- sel, poivre

Préparation 15 mn • Cuisson 12 mn

1 Mélanger l'œuf avec 1 cuillerée à café d'huile de noix et la farine. Diluer avec le lait.

2 Peler et râper la carotte avec une grille à gros trous. Ajouter le râpé dans la pâte avec la ciboulette et l'échalote. Saler et poivrer.

3 Huiler une poêle antiadhésive de 18 cm de diamètre avec la cuillerée à café d'huile restante. La mettre sur feu vif ; lorsqu'elle est chaude, verser une louchette de pâte et faire cuire 1 minute 30 de chaque côté.

4 Réaliser ainsi 4 galettes. Les garnir de mâche, asperger de vinaigre balsamique, ajouter 1 portion de fromage frais coupée en quatre, enrouler et maintenir avec un pique en bois.

Bar à l'anis

4 personnes

- 1 bar de 600 g
- 1 cc de pastis
- 1 cc d'huile d'olive
- 4 graines de badiane (anis étoilé)

- 1 fenouil
- 1 citron
- 400 g de tomates
- Sel, poivre

Préparation 20 mn • Cuisson 30 mn

1 Préchauffer le four (th. 6/180 °C).

2 Vider le bar. Faire quelques entailles dans la chair de chaque côté. Avec un pinceau, le badigeonner avec l'huile d'olive et le pastis mélangés. Saler et poivrer l'intérieur.

3 Détailler le fenouil en fines lanières, couper le citron en fines rondelles. En farcir le poisson. Ajouter les étoiles de badiane. Refermer et maintenir les flancs serrés avec 3 piques de bois.

4 Monder les tomates, les détailler en dés. Couper l'oignon en petits morceaux. Les faire cuire dans une poêle anti-adhésive avec sel et poivre pendant 15 minutes.

5 Dans un plat allant au four, verser les dés de tomate et étaler le poisson. Enfourner pour 30 minutes en arrosant régulièrement avec le jus de cuisson. Servir bien chaud.

3,5 POINTS
par personne

Ramequins de nectarines et groseilles

4 personnes
- 150 g de groseilles
- 4 cc de matière grasse à 40 %
- 2 sachets de sucre vanillé
- 160 g de lait concentré non sucré à 4 %
- 2 nectarines
- 2 œufs
- 4 CS d'édulcorant
- 2 CS de farine

Préparation 10 mn • Cuisson 20 mn

1 Préchauffer le four (th. 6-7/200 °C).

2 Rincer et égrener les groseilles. Peler, dénoyauter et couper en tranches les nectarines.

3 Enduire 4 petits ramequins de margarine, les poudrer de sucre vanillé. Répartir la moitié des groseilles.

4 Battre les œufs avec l'édulcorant. Ajouter la farine et le lait concentré. Mélanger.

5 Verser la préparation dans les ramequins, ajouter les fruits restants sur le dessus et enfourner pour 20 minutes dans un bain-marie d'eau tiède.

Les recettes
exotiques

Avec les épices du monde,

le dépaysement est dans l'assiette

et le décalage horaire assuré !

- Soupe de riz au lait de coco
- Salade de homard aux agrumes
- Queues de lotte à la vapeur
- Tajine d'agneau aux abricots
- Chou chinois farci au porc au caramel
- Rouleaux de printemps
  au thon et à la coriandre
- Cabillaud aux algues nori
- Ananas rôti à la vanille

Rouleaux de printemps au thon et à la coriandre

- Dinde à la pékinoise
- Samosas à la viande de veau
- Enchiladas fraîcheur
- Fondue au chocolat
- Crevettes à la créole
- Meringué de fruits exotiques
- Riz cantonais terre et mer

Soupe de riz au lait de coco

4 personnes
- 80 g de riz gluant (épiceries asiatiques)
- 1 briquette de lait de coco
- 1 petite mangue
- 1 gousse de vanille
- 20 cl de crème fraîche liquide à 15 %
- 60 g de sucre de canne en poudre

Préparation 20 mn • Trempage du riz 1 h • Cuisson 30 mn

1 Mettre le riz à tremper pendant 1 heure dans de l'eau tiède. L'égoutter. L'envelopper dans une fine gaze puis le faire cuire à la vapeur 30 minutes.

2 Peler et couper la mangue en petits cubes. Mélanger la crème, le lait de coco, le sucre et les graines de vanille. Les chauffer 5 minutes dans une grande casserole, ajouter le riz et bien mélanger.

3 Laisser tiédir, remplir 4 coupelles de riz au lait, ajouter les dés de mangues sur le dessus. Servir tiède.

Salade de homard aux agrumes

4 personnes
- 2 petits homards cuits de 500 g
- 1 pamplemousse rose
- 1 orange
- 2 mandarines
- 2 CS d'huile d'olive
- Sauce soja
- 1 gousse de vanille
- Sel, poivre

Préparation 30 mn • Réfrigération 1 h

1 Décortiquer les homards, casser les pinces, récupérer la chair, couper les corps en 8 tronçons et les pinces en 2. Saler, poivrer, saupoudrer des grains de vanille récupérés dans la gousse, arroser d'huile d'olive, réserver au frais.

2 Peler les agrumes à vif, passer un petit couteau fin entre les membranes pour détacher les quartiers, les couper en cubes.

3 Mélanger les agrumes et les morceaux de homard, verser 1 cuillerée à soupe d'huile d'olive et 1 cuillerée à café de sauce soja.

4 Mettre au frais jusqu'au moment de servir.

Queues de lotte à la vapeur

4 personnes
- 3 queues de lotte de 600 g
- 3 gros bulbes de fenouil
- 2 citrons verts
- 1 dosette de pistils de safran
- 1 bouquet de coriandre
- Sel, poivre

Préparation 20 mn • Cuisson 25 mn

1 Couper les queues de lotte en tronçons de 2 cm de large, les déposer dans un panier à vapeur, les saupoudrer de safran, ajouter les queues de la coriandre.

2 Laver et essuyer les citrons, prélever le zeste et le couper en très fins bâtonnets. Ajouter les zestes sur la lotte, saler et poivrer.

3 Détacher délicatement les feuilles des bulbes de fenouil de manière à les garder entières, les laver et les essuyer.

4 Cuire à la vapeur les tronçons de lotte 10 minutes, puis les réserver au chaud, et cuire les feuilles de fenouil à la vapeur 15 minutes.

5 Servir immédiatement la lotte avec le fenouil sur un lit de citron vert, et parsemer de feuilles de coriandre.

Tajine d'agneau aux abricots

6 personnes
- 1 épaule d'agneau désossée de 800 g
- 300 g d'abricots frais
- 200 g d'abricots secs
- 100 g d'amandes fraîches
- 6 carottes
- 2 oignons blancs
- 1 bouquet garni
- Cumin en grains
- 1 dosette de safran
- 1 CS d'huile d'olive
- Sel, poivre

Préparation 30 mn • Cuisson 40 mn

1 Peler les oignons, les émincer, les faire revenir dans l'huile 5 minutes. Couper la viande en morceaux, la faire

revenir avec les oignons 15 minutes en remuant. Saler, poivrer, ajouter 1 cuillerée à café de cumin, le safran, le bouquet garni, les amandes et les abricots secs.

2 Peler les carottes, les couper en tronçons, les ajouter à la viande avec 20 cl d'eau. Saler, poivrer, couvrir et laisser cuire 30 minutes à feu doux.

3 Ajouter les abricots frais dénoyautés, cuire 10 minutes encore. Servir bien chaud.

3,5 POINTS

par personne

Chou chinois farci au porc au caramel

4 personnes
- 1 chou chinois
- 150 g de lardons
- 2 CS de sirop d'érable
- 1 CS de sauce soja
- 2 échalotes
- 1 cc d'huile d'olive
- Sel, poivre

Préparation 20 mn • Cuisson 20 mn

1 Détacher les feuilles du chou en prenant soin de ne pas les abîmer, blanchir 2 minutes les 4 plus belles feuilles dans l'eau bouillante salée, les égoutter et les réserver sur du papier absorbant. Laver, égoutter et couper le reste de chou en lanières.

2 Peler et hacher les échalotes, les faire revenir avec les lardons dans une poêle antiadhésive jusqu'à ce qu'ils soient bien dorés. Retirer le gras rendu à la cuisson, ajouter les lanières de chou et cuire 15 minutes.

3 Ajouter 1 cuillerée à soupe de sauce soja et 2 cuillères à soupe de sirop d'érable, bien enrober le tout et laisser caraméliser 5 minutes à feu vif.

4 Servir dans les feuilles de chou tièdes.

3,5
POINTS
par
personne

Rouleaux de printemps au thon et à la coriandre

4 personnes
- 1 morceau de thon cru de 300 g
- 8 feuilles de riz
- 1 bouquet de coriandre
- 1/4 de radis noir
- 1 morceau de gingembre
- Sauce soja
- Moutarde wasabi (épiceries orientales)

Préparation 15 mn

1 Humidifier les feuilles de riz pour les assouplir, les poser sur un linge humide. Couper le thon en 8 bâtonnets de 4 x 2 cm.

2 Peler le radis, le râper. Déposer sur chaque feuille de riz un petit tas de radis râpé, un morceau de thon et 2 feuilles de coriandre, rouler la feuille pour former un rouleau en serrant bien.

3 Servir avec le gingembre pelé et coupé en lamelles, le reste de coriandre hachée, de la sauce soja et de la moutarde wasabi.

3 POINTS

par personne

Cabillaud aux algues nori

4 personnes

- 2 pavés de cabillaud de 400 g
- 1 paquet d'algues nori (algues pour sushis)
- 1 bocal de chutney au citron ou au gingembre (boutiques anglaises)
- Vinaigre de riz
- 2 échalotes
- Sel, poivre

Préparation 15 mn • Cuisson 8 mn

1 Couper chaque pavé de cabillaud en 2 dans la longueur, puis en 3 dans la largeur.

2 Peler et émincer finement les échalotes, les mélanger avec quelques gouttes de vinaigre de riz.

3 Saler et poivrer chaque morceau de cabillaud. Étaler un peu d'échalote au vinaigre, puis les envelopper d'une feuille d'algue et les cuire à la vapeur 8 minutes.

4 Servir immédiatement avec la pâte de citron.

1 POINT

par personne

Ananas rôti à la vanille

4 personnes

- 2 petits ananas Victoria
- 6 gousses de vanille
- 2 citrons verts
- 2 CS de sucre cassonade

Préparation 15 mn • Cuisson 1 h

1 Peler les ananas et retirer les yeux. Découper la vanille en bâtonnets de 5 mm. Clouter les ananas de ces morceaux de vanille dans les cavités laissées par les yeux.

2 Chauffer dans une casserole 30 cl d'eau avec le sucre et le jus des citrons verts.

3 Préchauffer le four (th. 5/150 °C).

4 Déposer les ananas dans un plat à four, les arroser de sirop au citron vert. Rôtir les ananas en les tournant et en les arrosant régulièrement pendant 1 heure (th. 6/180 °C). Servir tiède.

(2,5 POINTS)
par personne

Dinde à la pékinoise

4 personnes
- 2 blancs de dinde de 100 g
- 2 cc d'huile d'olive
- 1 bouquet de ciboulette
- Sauce hoisin (épiceries asiatiques)
- 25 cl de lait
- 100 g de farine
- 1 pincée de sel
- 1 œuf
- Sel, poivre

Préparation 10 mn • Repos 1 h • Cuisson 20 mn

1 Mélanger la farine et le sel dans une jatte. Battre ensemble le lait et l'œuf et verser progressivement dans la farine en fouettant jusqu'à l'obtention d'une pâte lisse. Réserver 1 heure au frais.

2 Découper les blancs de dinde en 12 morceaux. Les cuire 10 minutes dans l'huile d'olive, saler, poivrer, ajouter 2 cuillerées à soupe de sauce hoisin et réserver au chaud.

3 Cuire 12 petites crêpes dans une poêle à blinis, les réserver au chaud.

4 Déposer un morceau de dinde hoisin dans chaque crêpe, rouler et maintenir fermé à l'aide d'un brin de ciboulette. Servir aussitôt.

(3 POINTS)
par personne

Samosas à la viande de veau

4 personnes
- 400 g de filet de veau haché
- 1 tranche de pain de mie
- 2 CS de menthe hachée surgelée
- 4 CS d'oignon blanc haché
- 2 CS de vin blanc sec
- 2 CS de vin blanc sec
- 8 petites feuilles de riz
- 1 blanc d'œuf
- 1 CC d'huile
- Sel, poivre

Préparation 15 mn • Cuisson 12 mn

1 Préchauffer le four (th. 7/210 °C).

2 Faire revenir la viande hachée et l'oignon blanc avec

l'huile dans une poêle antiadhésive. Saler et poivrer.

3 Dans un récipient, couper le pain de mie en petits morceaux, arroser de vin blanc et mélanger. Ajouter le veau aux oignons et à la menthe, bien malaxer. Rectifier l'assaisonnement en sel et poivre. Diviser la préparation en 4 portions.

4 Humidifier les feuilles de riz. Les étaler 2 par 2. Déposer une portion de farce au centre de chaque double feuille et former 4 paquets. Battre légèrement le blanc d'œuf et en badigeonner les samosas.

5 Les disposer sur une plaque antiadhésive et enfourner pour 10 minutes en retournant à mi-cuisson.

6 Servir les samosas avec des bouquets de menthe fraîche.

4,5 POINTS
par personne

Enchiladas fraîcheur

4 personnes
- 1 petite boîte de maïs (140 g net)
- 200 g de moules au naturel
- 2 petits-suisses à 0 %
- 2 cc de ciboulette ciselée
- 4 feuilles de laitue
- 2 tomates
- 2 cc d'huile d'olive
- 4 galettes de maïs (tortillas)
- Sel, poivre

Préparation 15 mn • Cuisson 2 mn

1 Ébouillanter les tomates, les peler et les couper en dés dans une passoire. Saler et laisser égoutter.

2 Égoutter le maïs et les moules.

3 Dans un récipient, mélanger les petits-suisses avec l'huile et la ciboulette. Saler et poivrer. Incorporer les dés de tomate, le maïs et les moules. Mélanger à nouveau.

4 Réchauffer les galettes de maïs une à une, 30 secondes au four à micro-ondes (puissance 800 W). Les étaler sur un plan de travail, les garnir de feuilles de laitue et d'une portion de préparation au maïs. Refermer en éventail et maintenir avec une pique en bois.

Fondue au chocolat

4 personnes
- 200 g de chocolat noir à forte teneur en cacao
- 1 barquette de physalis
- 1 petit ananas
- 4 kiwis
- 1 mangue
- 4 mandarines
- 60 g de beurre
- 1 cl de vinaigre balsamique
- 1 pincée de poivre sechouan

Préparation 30 mn

1 Laver les physalis, les égoutter. Peler l'ananas, les kiwis et la mangue, les couper en cubes d'environ 2 cm de côté. Peler les mandarines, retirer la peau blanche de chaque quartier.

2 Casser le chocolat, le faire fondre au bain-marie, incorporer le beurre, le vinaigre et le poivre, lisser soigneusement pour obtenir un mélange homogène.

3 Verser le chocolat dans une cassolette en terre à feu, la placer sur un petit réchaud maintenu à feu très doux au centre de la table, disposer les fruits autour, comme pour une fondue traditionnelle. Les convives tremperont un morceau de fruit dans le chocolat chaud à l'aide d'une longue fourchette à fondue.

Crevettes à la créole

4 personnes
- 400 g de grosses crevettes roses décortiquées
- 1 sachet de riz (125 g)
- 4 olives noires
- 15 cl de bouillon de volaille
- 1 cc de poivre vert en grains
- 2 CS de jus de citron
- 1 CS de coriandre ciselée
- 2 gousses d'ail
- 1 petit piment oiseau
- 1 CS de romarin frais
- 1 cc de paprika
- 15 cl de fumet de poisson
- Sel

Préparation 30 mn • Cuisson 10 mn (riz) + 13 mn (crevettes)

1   Faire cuire le riz dans une grande quantité d'eau bouillante salée pendant 10 minutes. Égoutter et réserver au chaud.

2   Hacher l'ail, les olives et le piment oiseau (en prenant soin d'enlever les graines au préalable). Les mettre dans un wok avec le bouillon de volaille, le romarin, le paprika, le poivre vert et le jus de citron. Porter à ébullition et faire réduire 5 minutes à feu doux.

3   Ajouter le fumet de poisson, amener à nouveau à ébullition et faire réduire 5 minutes de plus.

4   Verser les crevettes et laisser cuire à feu vif pendant 3 minutes. Ajouter le riz, mélanger le tout. Parsemer de coriandre et servir aussitôt.

2,5 POINTS
par personne

Meringué de fruits exotiques

4 personnes
- 1 boîte de goyave en dés au sirop léger (300 g net)
- 1 boîte de litchis au sirop léger (300 g net)
- 2 blancs d'œufs
- 3 CS d'édulcorant
- 4 cc de graines de sésame (20 g)
- 1 CS de menthe ciselée

Préparation **15 mn** • Cuisson **20 mn**

1   Préchauffer le four (th. 5/150 °C).

2   Égoutter les fruits.

3   Monter les blancs en neige avec une pincée de sel. Ajouter l'édulcorant tout en continuant de fouetter.

4   Répartir les fruits dans un plat à gratin antiadhésif en alternant les couleurs, recouvrir de blancs en neige, saupoudrer de graines de sésame et enfourner pour 20 minutes.

5   Décorer de menthe ciselée et servir.

5
POINTS
par
personne

Riz cantonais terre et mer

Pour 4 personnes
- 1 sachet de 125 g de riz
- 100 g de petits pois surgelés
- 1 CS d'échalote hachée
- 4 CS de coriandre ciselée
- 250 g de crevettes (120 g décortiquées)
- 250 g de champignons surgelés (mélange forestier)

- 1 cc d'huile
- 2 œufs
- 180 g de filet de merlan
- Sel, poivre

Préparation 15 mn • Cuisson 22 mn

1 Cuire le riz dans une grande quantité d'eau bouillante salée pendant 10 minutes. Égoutter. Incorporer les petits pois surgelés et réserver au chaud.

2 Verser les champignons encore surgelés dans une poêle antiadhésive chaude. Lorsqu'ils ont rendu leur eau, les égoutter. Essuyer la poêle, verser 1 cuillerée à café d'huile, ajouter l'échalote puis les champignons. Faire cuire sur feu vif pendant 5 minutes tout en remuant. Saler et poivrer. Réserver au chaud.

3 Détailler le filet de merlan en lanières. Les faire pocher dans un peu d'eau pendant 3 minutes au four à micro-ondes (puissance 800 W). Égoutter et réserver au chaud.

4 Battre les œufs avec 1 cuillerée à soupe d'eau. Saler et poivrer. Les verser dans un plat allant au four à micro-ondes et faire cuire 2 minutes (puissance 800 W) en mélangeant à mi-cuisson. Couper l'omelette en petites lanières.

5 Dans un plat creux, réunir le riz aux petits pois, les champignons, les lanières de poisson et d'omelette. Réchauffer rapidement au four à micro-ondes pendant 1 minute (puissance 800 W).

6 Décorer des crevettes décortiquées et de brins de coriandre. Accompagner éventuellement d'une coupelle de nuoc-mâm.

Les recettes
rapides

À réaliser à l'avance ou en un temps de préparation minimu toujours pour le plaisir d'être à table avec ses invités !

- ■ Tronçons de poireaux en vinaigrette
- ■ Œufs à la coque surprise
- ■ Papillotes de saint-jacques
- ■ Fromage blanc glacé aux pommes
- ■ Crème de fèves glacée
- ■ Mille-feuilles de tomates et d'aubergines
- ■ Roulés de sole aux crevettes
- ■ Grenadins de veau sauce au café

Grenadins de veau sauce au café

- Fruits frais au riz soufflé
- Mesclun aux poires et parmesan
- Salade de clémentines
- Petits soufflés de pomme de terre
- Poêlée de tomates cerises au basilic
- Salade de courgettes méditerranéenne
- Gâteaux d'œufs aux herbes

Tronçons de poireaux en vinaigrette

4 personnes
- 4 poireaux
- 1 CS d'huile parfumée à la truffe blanche
- 1 CS d'huile de pépins de raisin
- 1 cc de vinaigre balsamique
- Sel, poivre

Préparation 10 mn • Cuisson 10 mn

1 Laver et essuyer les poireaux, les couper en tronçons, les cuire 10 minutes à la vapeur.

2 Préparer une vinaigrette avec l'huile de truffe blanche, l'huile de pépins de raisin et le vinaigre balsamique. Saler et poivrer.

3 Servir les poireaux tièdes arrosés de vinaigrette.

Œufs à la coque surprise

4 personnes
- 4 œufs
- 4 cc de crème fraîche liquide à 15 %
- 4 cc de tarama
- Aneth
- Sel, poivre

Préparation 10 mn • Cuisson 5 mn

1 Hacher l'aneth finement, le mélanger à la crème, poivrer.

2 Ouvrir délicatement le haut de chaque œuf, les vider de leur contenu dans une casserole, nettoyer les coquilles, les essuyer.

192

3 Battre les œufs, les cuire 5 minutes sans cesser de fouetter, poivrer.

4 Mettre 1 cuillerée à café de crème à l'aneth au fond de chaque coquille d'œuf, puis une de tarama et enfin remplir avec les œufs brouillés. Servir tiède ou glacé.

3,5 POINTS
par personne

Papillotes de saint-jacques

4 personnes
- 8 coquilles saint-jacques nettoyées (avec leur coquille)
- 2 branches de céleri bien fermes
- 1 poivron rouge
- 1 citron non traité
- Cumin en poudre
- 2 cc d'huile d'olive
- Sel, poivre

Préparation 15 mn • Cuisson 5 mn

1 Essuyer les noix de saint-jacques avec un papier absorbant. Les réserver au frais.

2 Laver et effiler le céleri, le couper en bâtonnets, faire de même avec le poivron. Prélever le zeste du citron en fines lanières.

3 Laver et essuyer les coquilles. Déposer dans chacune un lit de légumes, ajouter 1 noix et quelques zestes de citron. Saupoudrer de cumin. Saler, poivrer et arroser d'un filet d'huile d'olive. Envelopper de papier aluminium et cuire 5 minutes à la vapeur.

Fromage blanc glacé aux pommes

4 personnes
- 200 g de fromage blanc allégé à 20 %
- 1 CS de sucre glace
- 2 pommes Fuji
- 1 orange
- 1 gousse de vanille

Préparation 15 mn • Cuisson 15 mn • Repos 1 h

1 Mélanger le fromage blanc avec le sucre, le réserver.

2 Peler les pommes, évider le centre. Les couper en petits cubes puis les cuire avec le jus de l'orange et la vanille fendue en 2 pendant 15 minutes.

3 Mettre le fromage blanc au congélateur pendant 1 heure.

4 Au moment de servir, battre le fromage blanc bien froid à la fourchette pour le rendre onctueux. Remplir 4 petits verres de fromage blanc, déposer sur chacun des dés de pommes à l'orange et servir immédiatement.

Crème de fèves glacée

4 personnes
- 600 g de fèves surgelées (ou 1 kg de fèves fraîches)
- 30 cl de bouillon de légumes
- 25 cl de crème fraîche liquide à 15 %
- Sel, poivre

Préparation 15 mn • Cuisson 15 mn

1 Écosser les fèves si elles sont fraîches. Les faire décongeler si elles sont surgelées.

2 Les peler, les cuire 15 minutes dans le bouillon de légumes. Saler et poivrer.

3 Mixer en purée avec le bouillon de cuisson, passer au tamis afin d'obtenir une crème bien onctueuse, mettre au réfrigérateur, laisser refroidir, ajouter un cordon de crème liquide bien froide avant de servir.

7,5
POINTS

par
personne

Mille-feuilles de tomates et d'aubergines

4 personnes
- 2 grosses aubergines
- 6 tomates (de même diamètre que les aubergines)
- 2 boules de mozzarella
- 4 fines tranches de jambon de Parme (120 g)
- 1 bouquet de basilic à petites feuilles
- 2 cc d'huile d'olive
- Sel, poivre

Préparation 15 mn • Cuisson 15 mn

1 Laver les tomates et les aubergines, les essuyer, les couper en rondelles de 1,5 cm d'épaisseur. Saler et poivrer.

2 Faire chauffer un gril en fonte huilé (ou allumer le barbecue), griller les aubergines à feu vif 5 minutes sur chaque face et les tomates 2 minutes sur chaque face. Réserver.

3 Couper la mozzarella en tranches de 1 cm d'épaisseur et le jambon en carrés de même dimension. Intercaler les rondelles d'aubergine, de tomate et de mozzarella et les morceaux de jambon, poivrer et parsemer de feuilles de basilic, verser quelques gouttes d'huile sur l'ensemble.

2,5
POINTS
par
personne

Roulés de sole aux crevettes

4 personnes
- 4 gros filets de sole de 160 g
- 8 grosses crevettes roses crues
- 1 bouquet de basilic
- 1 bouquet d'aneth
- Sel, poivre

Préparation 15 mn • Cuisson 8 mn

1 Décortiquer les crevettes, hacher grossièrement la chair au couteau. Laver, essuyer et ciseler les trois quarts des feuilles de basilic, les ajouter aux crevettes, mélanger, assaisonner. Saler et poivrer les filets de sole.

2 Déposer un petit tas de cette préparation sur le bord le plus large de chaque filet de sole, les rouler sur eux-mêmes et les maintenir avec une pique en bois.

3 Les déposer dans le panier d'un cuit-vapeur sur un lit d'aneth frais. Les cuire 8 minutes à la vapeur.

Servir accompagné d'une sauce tomate crémée bien relevée et agrémentée de basilic haché (à comptabiliser).

Grenadins de veau sauce au café

4 personnes
- 4 grenadins de veau de 200 g
- 2 CS de crème fraîche épaisse
- 2 baies de genièvre
- Sel, poivre
- 10 cl de café
- 1 gousse d'ail
- 1 cc d'huile d'olive

Préparation 10 mn • Cuisson 15 mn

1 Faire chauffer 1 cuillerée à café d'huile d'olive dans une grande poêle antiadhésive. Mettre à dorer les grenadins sur chaque face à feu moyen, puis baisser le feu. Saler et poivrer, laisser cuire 8 minutes pour une cuisson rosée et 3 minutes de plus pour une viande plus cuite.

2 Réserver les grenadins au chaud dans le four tiède.

3 Verser le café dans la poêle de cuisson, ajouter l'ail pelé et émincé et le genièvre écrasé. À ébullition, ajouter la crème, remuer et cuire jusqu'à épaississement. Servir les grenadins bien chauds nappés de sauce.

Fruits frais au riz soufflé

2 personnes
- 200 g de fraises
- 2 kiwis
- 8 CS de riz soufflé (40 g)
- 20 cl de lait écrémé
- 2 cc d'édulcorant

Préparation 5 mn

1 Rincer puis équeuter les fraises, les couper en 4. Peler et détailler les kiwis en dés.

2 Répartir les fruits dans 2 bols, ajouter 4 cuillerées à soupe de riz soufflé, saupoudrer d'1 cuillerée à café d'édulcorant et recouvrir de 10 cl de lait froid ou tiède.

2 POINTS
par personne

Mesclun aux poires et parmesan

4 personnes

- 2 poires Conférence
- 1 cc de jus de citron
- 1 cc d'huile de noix
- 1 cc de vinaigre de noix
- 1/2 yaourt
- 1 grand sachet de mesclun
- 60 g de parmesan
- Sel, poivre du moulin

Préparation 10 mn

1 Peler les poires, les trancher en lamelles et les citronner.

2 Délayer l'huile de noix et le vinaigre de noix dans le yaourt. Saler et poivrer.

3 À l'aide d'un couteau économe, prélever des copeaux dans le parmesan.

4 Étaler le mesclun sur un plat de service, arroser de sauce. Disposer les lamelles de poires et parsemer de copeaux de parmesan. Donner un tour de moulin à poivre.

0 POINT
par personne

Salade de clémentines

4 personnes

- 1,5 kg de clémentines
- 1 gousse de vanille
- 1 bâton de cannelle
- 2 clous de girofle
- 1 pincée de pistils de safran
- Quelques bâtonnets d'écorce d'orange confite
- 1 petite écorce de macis (enveloppe de la noix de muscade)

Préparation 30 mn • Cuisson 5 mn

1 Peler les clémentines à vif, retirer la chair entre les peaux blanches, en prenant soin de récupérer leur jus et réserver les quartiers.

2 Faire chauffer le jus de clémentines doucement dans une petite casserole avec les épices sans le porter à ébullition.

3 Ajouter les écorces d'orange coupées en dés, laisser infuser et refroidir. Verser sur les clémentines et servir aussitôt.

6
POINTS

par
personne

Petits soufflés de pomme de terre

4 personnes
- 600 g de pommes de terre
- 1 yaourt à 0 %
- 80 g de gruyère allégé râpé
- 1 pincée de noix de muscade
- 2 œufs entiers + 2 blancs
- 4 cc de margarine à 40 %
- 4 cc de farine
- Sel, poivre

Préparation 15 mn • Cuisson 20 mn

1 Préchauffer le four (th. 6/180 °C).

2 Faire cuire les pommes de terre à la vapeur (en autocuiseur) pendant 10 minutes. Les éplucher et les réduire en purée à la moulinette ou au presse-purée.

3 Mélanger la purée avec le yaourt, le gruyère et la muscade. Saler et poivrer.

4 Séparer les blancs des jaunes d'œufs. Mélanger les deux jaunes à la purée. Battre les quatre blancs en neige avec une pincée de sel. Les incorporer délicatement à la purée.

5 Enduire de margarine 4 petits moules à soufflé antiadhésifs. Les saupoudrer de farine et retourner en tapotant pour enlever l'excédent. Les remplir de la préparation aux deux tiers. Enfourner pour 20 minutes. Servir aussitôt.

Poêlée de tomates cerises au basilic

4 personnes
- 500 g de tomates cerises
- 1 cc d'ail haché
- 4 CS de basilic ciselé
- 1 CS de persil
- 1 cc de fleurs de thym
- 2 cc d'huile d'olive
- 1 cc de sucre
- Sel, poivre du moulin

Préparation 5 mn • Cuisson 3 mn

1 Rincer les tomates cerises, les sécher et retirer les pédoncules.

2 Mélanger l'ail, le basilic, le persil et le thym.

3 Faire chauffer l'huile d'olive dans une poêle antiadhésive sur feu vif, verser les tomates. Saler, poivrer et faire cuire 2 minutes en remuant sans arrêt. Ajouter le mélange d'herbes et d'ail, saupoudrer de sucre et poursuivre la cuisson 1 minute tout en remuant.

Salade de courgettes méditerranéenne

4 personnes
- 4 jeunes courgettes
- 4 cc de basilic surgelé
- 60 g de fromage de chèvre frais
- 1/2 yaourt brassé à 0 %
- 2 cc d'huile d'olive
- 1 cc de jus de citron
- Sel, poivre

Préparation 15 mn

1 Rincer les courgettes sans les peler. Les couper en 4 dans le sens de la longueur puis en petits dés. Les mettre dans un saladier, saupoudrer de basilic.

2 Dans un bol, écraser le fromage de chèvre frais. Détendre avec le yaourt, l'huile d'olive et le jus de citron. Saler, poivrer et battre le tout à la fourchette.

3 Verser la sauce sur les dés de courgettes et mélanger délicatement. Servir bien frais.

4,5 POINTS
par personne

Gâteaux d'œufs aux herbes

4 personnes
- 1 bouquet de persil plat
- 30 cl de lait 1/2 écrémé
- 1 bouquet de coriandre fraîche
- 2 tomates moyennes
- 1 morceau de parmesan (50 g)
- 1/2 cc de vinaigre balsamique

- 3 œufs
- 1 échalote
- 1 CS d'huile d'olive
- Noix de muscade
- Sel, poivre

Préparation 10 mn • Cuisson 15 mn

1 Préchauffer le four (th. 7/210 °C).

2 Laver, égoutter et hacher finement le persil.

3 Battre les œufs et le lait, saler, poivrer, ajouter la muscade et le persil.

4 Huiler 4 moules individuels, les remplir à ras bord de la préparation. Mettre à cuire au bain-marie dans le four pendant 15 minutes.

5 Démouler, laisser refroidir. Laver, essuyer et couper les tomates en petits dés, peler et hacher l'échalote finement, concasser le parmesan, hacher grossièrement la coriandre, les mélanger. Verser l'huile d'olive, le vinaigre, saler, poivrer, ajouter cette vinaigrette aux tomates.

6 Servir les gâteaux d'œufs aux herbes sur un lit de salade de tomates.

Les recettes
raffinées

Recettes de fête, les plus fins gourmets seront surpris et votre succès est garanti…

- Terrine de volaille aux pistaches
- Feuilletés d'escargots
- Filets de sole en gelée d'agrumes
- Saint-Jacques flambées, asperges sauce mousseline
- Noisettes d'agneau aux artichauts et à la menthe
- Pavés de biche chasseur et paillassons de céleri
- Fondant au chocolat et sorbet frambois
- Biscuit vanillé aux fraises des bois

Filets de sole en gelée d'agrumes

4,5 POINTS par personne

Terrine de volaille aux pistaches

4 personnes

- 240 g d'aiguillettes de canard
- 120 g de foies de volaille
- 2 échalotes
- 1 pincée de quatre-épices
- 40 g de pistaches grillées et salées
- Sel, poivre
- 1 gousse d'ail
- 4 cl d'armagnac
- 1 brin de thym
- 1 œuf
- 100 g de farine

Préparation (la veille) 1 h • Macération 1 h • Cuisson 50 mn

1 Couper les aiguillettes de canard et les foies en petits morceaux. Les disposer dans un petit saladier. Saler un peu, poivrer fortement, ajouter l'armagnac et couvrir de film étirable. Placer au réfrigérateur environ 1 heure.

2 Préchauffer le four (th. 5/150 °C). Placer un grand plat rempli d'eau dans le four. Éplucher l'ail et les échalotes. Les hacher finement et verser dans un saladier. Émietter le thym, ajouter la pincée de quatre-épices et mélanger.

3 Sortir la viande du réfrigérateur, l'égoutter et la hacher grossièrement (ne pas la passer au mixeur). Mélanger la viande, l'œuf battu et le hachis d'échalote. Concasser grossièrement les pistaches et les ajouter.

4 Verser dans une terrine à pâté en terre vernissée. Mélanger la farine avec un verre d'eau pour obtenir une pâte épaisse. Fixer le couvercle de la terrine avec ce mélange. Cuire au bain-marie, au four, pendant 50 minutes. Laisser tiédir, puis placer au réfrigérateur jusqu'au lendemain.

Servir ce pâté coupé en fines tranches, accompagné d'un émincé d'endives rouges et de dés de pomme acide.

4,5 POINTS
par personne

Feuilletés d'escargots

4 personnes
- 8 feuilles de brick
- 360 g d'escargots en boîte, au naturel
- 3 gousses d'ail
- 10 brins de persil frisé
- 4 feuilles de sauge fraîche
- 4 cc de raisins secs de Corinthe
- 1 pincée de muscade râpée
- 4 cc d'huile d'olive
- Sel, poivre

Préparation 25 mn • Cuisson 7 mn

1 Préchauffer le four (th. 7/210 °C). Égoutter les escargots, les éponger à l'aide de papier absorbant. Étaler les feuilles de brick sur le plan de travail, les couper en deux moitiés.

2 Éplucher l'ail, le hacher finement ainsi que le persil et la sauge lavés et essorés, et les raisins secs. Verser le hachis dans un saladier. Ajouter les escargots, saler, poivrer, assaisonner de muscade. Bien mélanger et ajouter 1 cuillerée à café d'huile.

3 Répartir la farce au centre de 16 demi-feuilles de brick, les replier sur elles-mêmes plusieurs fois, afin d'obtenir des petits carrés. Les ranger sur la plaque à pâtisserie antiadhésive. Les badigeonner avec l'huile restante et enfourner pendant 5 à 7 minutes. Les feuilletés doivent être colorés et croustillants.

4 Servir immédiatement, en entrée, avec de la salade verte, ou à l'apéritif. Dans ce cas, plier les feuilletés en forme de mini-rouleaux.

3 POINTS®
par personne

Filets de sole en gelée d'agrumes

4 personnes

- 360 g de filets de sole frais
- 1 citron vert
- 1 pamplemousse jaune
- 1 orange sanguine
- 1 orange
- 4 feuilles de gélatine
- 100 g de roquette

- 3 cc d'huile de noix
- 2 cc de moutarde forte
- 1 citron jaune
- 10 g d'amandes effilées
- 1 demi-avocat
- Sel, poivre

Préparation **1 h** • Réfrigération **2 h** • Cuisson **10 mn**

1   Rincer les filets de sole sous l'eau fraîche, les enrouler sur eux-mêmes et les fixer avec des piques en bois. Saler, poivrer et faire cuire 7 minutes à la vapeur, puis laisser refroidir. Faire tremper les feuilles de gélatine dans de l'eau froide.

2   Laver le citron vert sous l'eau chaude et prélever de fines lanières de zeste. Presser le citron vert et le pomelo, filtrer parfaitement le jus. Compléter avec de l'eau pour obtenir un volume total de 25 cl. Saler, poivrer et réserver. Peler les oranges à vif et découper les quartiers en éliminant les peaux blanches.

3   Faire chauffer doucement le jus du pomelo et du citron, ajouter la gélatine réhydratée et mélanger. Laisser tiédir. Verser 1 cm de gelée dans chacun des 4 ramequins et faire prendre au congélateur (10 à 15 minutes).

4   Retirer les piques en bois des filets de sole et disposer joliment le poisson dans les ramequins sur la gelée.

5   Décorer avec les quartiers d'orange en alternant les couleurs. Verser le reste de la gélatine et laisser prendre au frais pendant 2 heures au moins.

6   Laver la salade, puis l'essorer parfaitement. La disposer en couronne sur 4 assiettes de service. Mélanger l'huile, la moutarde et le jus de citron. Saler et poivrer. Faire

dorer les amandes 2 minutes à feu doux. Les répartir sur la salade. Couper l'avocat en tout petits dés et les disposer dans les assiettes.

7 Au moment de servir, démouler les ramequins sur les assiettes (en les trempant préalablement quelques secondes dans l'eau bouillante). Verser la sauce sur la salade et servir.

3,5
POINTS

par
personne

Saint-jacques flambées, asperges sauce mousseline

4 personnes
- 480 g de coquilles saint-jacques fraîches
- 2 cc de beurre
- 1 gousse d'ail
- 6 cl de whisky
- 1 pincée de paprika
- 800 g d'asperges vertes surgelées
- 1 œuf
- 10 g de Maïzena
- 9 cc de crème fraîche
- 5 brins de ciboulette
- Sel, poivre

Préparation 45 mn • Cuisson 25 mn

1 Éponger les coquilles saint-jacques. Les couper en 2 si elles sont très épaisses. Faire fondre le beurre dans une sauteuse avec la gousse d'ail épluchée. Ajouter les coquilles saint-jacques, les faire revenir 1 minute sur chaque face. Mouiller avec le whisky et flamber. Laisser évaporer 5 minutes à feu doux et ôter du feu. Saupoudrer de paprika, saler, poivrer et laisser en attente au chaud.

2 Faire cuire les asperges 15 minutes environ à la vapeur. Les garder au chaud.

3 Délayer le jaune d'œuf et la Maïzena dans la crème fraîche, allongée de 2 cuillerées à soupe d'eau froide. Verser dans une petite casserole et porter à ébullition en remuant. Retirer du feu au premier bouillon. Saler, poivrer, ajouter la ciboulette hachée et laisser tiédir. Monter le blanc d'œuf en neige très ferme, l'incorporer délicatement à la sauce.

4 Servir les coquilles sur des assiettes chaudes, accompagnées des asperges disposées en fagots. Napper d'un cordon de sauce et servir le reste en saucière.

6 POINTS par personne

Noisettes d'agneau aux artichauts et à la menthe

4 personnes
- 8 noisettes d'agneau de 40 g
- 8 petits artichauts poivrade
- 200 g de fèves fraîches
- 3 gousses d'ail
- 4 oignons blancs
- 2 citrons
- 1 bouquet de menthe fraîche
- 4 cc d'huile d'olive
- Sel, poivre

Préparation 30 mn • Cuisson 42 mn

1. Presser les citrons. Retirer les feuilles trop dures des artichauts. Les couper en 4 et les passer rapidement sous l'eau fraîche. Les disposer dans un plat et les arroser de jus de citron. Écosser les fèves. Éplucher l'ail et les oignons, les émincer finement.

2. Verser l'huile dans une cocotte à fond épais. Ajouter le hachis d'ail et d'oignon. Faire revenir à feu doux, sans colorer, pendant 5 minutes. Ajouter les artichauts (avec le jus de citron) et les fèves. Saler, poivrer, ajouter 1/2 verre d'eau et laisser mijoter 25 minutes à feu très doux.

3. Laver la menthe, l'effeuiller et la hacher. L'ajouter dans la cocotte en cours de cuisson. Vérifier que la sauce des légumes est assez épaisse en fin de cuisson ; sinon, la faire réduire quelques minutes à feu vif.

4. Faire chauffer un gril en fonte, y déposer les noisettes d'agneau. Faire cuire 3 à 6 minutes sur chaque face selon le degré de cuisson désiré. Servir la viande entourée des légumes et arrosée de sauce de cuisson.

4 POINTS par personne

Pavés de biche chasseur et paillassons de céleri

4 personnes
- 4 pavés de biche de 120 g
- 1/2 feuille de laurier
- 4 graines de genièvre
- 4 tranches de filet de bacon (40 g)
- 2 verres de vin rouge
- 150 g de champignons de Paris
- 800 g de céleri-rave
- 4 cc d'huile de tournesol
- 1 pincée de Maïzena
- 1 oignon
- 1 carotte
- 1 œuf
- 1 brin de thym
- Persil haché
- Sel, poivre

Préparation 1 h 30 • Cuisson 1 h 30

1 Éplucher l'oignon et la carotte. Les émincer en fine julienne. Faire chauffer une sauteuse antiadhésive. Ajouter les pavés de biche. Les faire saisir 2 minutes sur chaque face, à feu vif. Les réserver sur une assiette. Verser dans la sauteuse la julienne de carotte et d'oignon, le thym, le laurier, le genièvre, le filet de bacon coupé en dés et le vin rouge. Saler et poivrer. Couvrir et laisser mijoter 20 minutes.

2 Rincer les champignons, couper le pied et les émincer. Les verser dans la sauteuse et poursuivre la cuisson pendant 10 minutes. Délayer la Maïzena dans 2 cuillerées à café d'eau, verser dans la sauteuse et porter à ébullition en remuant. Réserver.

3 Éplucher et râper finement le céleri. Le verser dans un saladier. Saler, poivrer, ajouter l'œuf battu. Préchauffer le four (th. 4/120 °C).

4 Faire chauffer 1 cuillerée à café d'huile dans une large poêle antiadhésive. Déposer des petits tas de céleri et laisser cuire 8 minutes sur chaque face, à feu doux. Placer les paillassons dans un plat, au four, au fur et à mesure de la cuisson. Recommencer l'opération jusqu'à épuisement des ingrédients.

5 Au moment de servir, réchauffer la sauce, retirer le thym et le laurier. Disposer les pavés dans la sauce bouillante et réchauffer, selon le degré de cuisson souhaité, entre 4 et 8 minutes.

6 Servir accompagné des paillassons saupoudrés de persil haché.

4,5 POINTS par personne

Fondant au chocolat et sorbet framboise

4 personnes
- 4 boules de sorbet à la framboise
- 2 kiwis
- 2 œufs
- 20 g de sucre
- 10 g de Maïzena
- 40 g de chocolat noir
- 4 cc de beurre
- 1 barquette de framboises
- Édulcorant en poudre

Préparation 30 mn • Cuisson 2 mn

1 Faire 4 boules de sorbet, les disposer sur les assiettes de service, garder au congélateur. Éplucher les kiwis, les couper en 2 dans le sens de la longueur, puis en fines tranches, dans l'autre sens.

2 Séparer les jaunes d'œufs des blancs. Battre les jaunes et le sucre afin d'obtenir un mélange mousseux. Ajouter la Maïzena, puis le chocolat et le beurre fondus quelques secondes au four à micro-ondes. Monter les blancs en neige très ferme, en y ajoutant une pincée de sel. Incorporer les blancs dans la pâte au chocolat, en mélangeant délicatement. Répartir la pâte dans 4 ramequins en pyrex.

3 Cuire les gâteaux 2 minutes au four à micro-ondes (puissance maximale). Sortir les assiettes du congélateur pendant la cuisson des gâteaux. Disposer les tranches de kiwi et les framboises, saupoudrer d'édulcorant. Démouler les gâteaux et les disposer sur les assiettes. Servir rapidement les gâteaux encore chauds et la glace très froide.

1 POINT

par personne

Biscuit vanillé aux fraises des bois

4 personnes

- 200 g de fromage blanc 0 %
- 2 œufs
- 20 g de sucre
- 2 barquettes de fraises des bois
- Édulcorant en poudre

- 40 g de farine
- 2 feuilles de gélatine
- 2 bâtons de vanille
- 1 orange
- 1 CS de rhum

Préparation 40 mn • Cuisson 12 mn

1 Préchauffer le four (th. 5/150 °C).

2 Séparer les jaunes d'œufs des blancs. Battre les jaunes avec le sucre afin d'obtenir un mélange mousseux. Ajouter 1 cuillerée de rhum, la farine et les blancs montés en neige très ferme.

3 Verser la pâte dans un moule antiadhésif de 18 cm de diamètre. Cuire au four pendant 12 minutes, puis laisser refroidir.

3 Faire tremper la gélatine dans de l'eau froide. Ouvrir les bâtons de vanille dans le sens de la longueur et gratter à l'aide d'un couteau pointu pour récupérer les graines.

4 Dans un bol, mélanger le fromage blanc, la vanille et 2 cuillerées à soupe d'édulcorant en poudre. Faire chauffer 3 cuillerées à soupe d'eau, ajouter la gélatine et mélanger. Verser le mélange dans le fromage blanc en battant à l'aide d'un fouet à main. Laisser prendre au frais pendant 30 minutes environ.

5 Démouler délicatement le biscuit, le disposer sur un plat de service. Presser l'orange, imbiber légèrement le biscuit de jus d'orange. Étaler le mélange au fromage blanc par-dessus, puis ranger délicatement les fraises des bois. Saupoudrer d'édulcorant et garder au frais jusqu'au moment de déguster.

2,5
POINTS

par
personne

Terrine de flétan aux légumes

6 personnes
- 50 cl de fumet de poisson
- 480 g de filets de flétan
- 400 g de carottes
- 400 g de courgettes
- 2 œufs entiers + 2 blancs
- 4 cc de crème à 8 %
- Sel, poivre

Préparation 30 mn • Cuisson 50 mn

1 Porter le fumet de poisson à ébullition. Y faire pocher les filets de flétan, à feu doux, pendant 5 minutes. Égoutter et réserver.

2 Peler et couper les carottes en tronçons. Les cuire 10 minutes en autocuiseur. Égoutter, saler, poivrer et mixer.

3 Peler et couper les courgettes en morceaux. Les cuire 5 minutes à l'autocuiseur. Égoutter, saler, poivrer et mixer.

4 Préchauffer le four (th. 6/180 ° C).

5 Battre les blancs en neige avec 1 pincée de sel.

6 Dans chaque purée de légumes, incorporer 3 cuillerées à café de crème, 1 œuf entier et 1 blanc en neige.

7 Chemiser une petite terrine d'un film de cuisson, disposer une couche de purée de carottes, le flétan émietté et une couche de purée de courgettes. Enfourner dans un bain-marie d'eau tiède et cuire pendant 30 minutes. Laisser tiédir et démouler. Servir tiède ou froid.

4,5 POINTS®
par personne

Suprêmes de pintade aux girolles et crosnes persillés

4 personnes
- 4 suprêmes de pintade de 120 g
- 600 g de crosnes surgelés
- 4 tranches de filet de bacon (40 g)
- 3 cc de crème fraîche
- 300 g de petites girolles
- 10 brins de ciboulette
- 1 carotte
- 1 oignon
- 1 brin de thym
- 5 brins de persil
- 4 cc de margarine
- Sel, poivre

Préparation 1 h • Cuisson 1 h 30

1 Faire cuire les crosnes à l'eau bouillante salée pendant 10 minutes. Les égoutter et les réserver. Laver le persil, l'essorer et le hacher. Pratiquer une ouverture latérale dans les filets de pintade, poivrer et insérer une tranche de bacon à l'intérieur. Refermer en maintenant avec une pique en bois.

2 Éplucher la carotte et l'oignon, les couper en fine julienne. Faire fondre 2 cuillerées à café de margarine dans une cocotte à fond épais. Ajouter les filets de pintade, les faire dorer 3 minutes sur chaque face. Verser la julienne de légumes et le thym. Couvrir et laisser confire à feu très doux pendant 1 heure. Ajouter la crème en fin de cuisson.

3 Essuyer les girolles avec un torchon propre. Faire fondre le reste de la margarine dans une poêle antiadhésive, ajouter les champignons, saler, poivrer et faire cuire à feu moyen pendant 15 minutes, en remuant. Ajouter la ciboulette hachée en fin de cuisson. Réchauffer les crosnes 2 minutes au four à micro-ondes.

4 Servir la viande et les crosnes arrosés de sauce, accompagnés des girolles. Saupoudrer de persil haché.

1 POINT

par personne

Farandole et larmes de caramel

4 personnes
- 3 feuilles de gélatine
- 8 fruits de la passion
- 2 yaourts nature
- 4 CS d'édulcorant en poudre
- Feuilles de menthe fraîche
- 25 g de sucre
- 1 citron vert
- 1 mangue
- 1 kiwi
- 1 banane
- 1 carambole

Préparation 40 mn • Cuisson 10 mn

1 Faire tremper les feuilles de gélatine dans de l'eau froide. Ouvrir les fruits de la passion et vider leur contenu à l'aide d'une petite cuiller. Mélanger la pulpe des fruits de la passion, les yaourts et l'édulcorant. Faire chauffer 3 cuillerées à soupe d'eau et ajouter la gélatine réhydratée. Mélanger et verser dans le mélange aux fruits de la passion. Verser dans 4 moules à entremets individuels et laisser prendre au frais pendant 2 heures au moins.

2 Presser le citron vert. Éplucher la mangue, la couper en tranches. Éplucher le kiwi, le couper en dés. Faire de petites rondelles avec la banane épluchée. Couper la carambole en fines tranches, sans l'éplucher. Arroser les fruits de jus de citron, saupoudrer de 1 cuillerée d'édulcorant.

3 Disposer les fruits, en couronne, sur 4 assiettes de service. Démouler, au centre, les entremets aux fruits de la passion. Décorer avec des feuilles de menthe fraîche et garder au frais.

4 Verser le sucre dans une petite casserole. Mouiller avec 2 cuillerées à soupe d'eau. Faire cuire 10 minutes environ pour obtenir un caramel blond foncé. Verser sur une assiette bien froide de petites gouttes de caramel (comme des larmes). Laisser solidifier quelques instants, les décoller et les répartir sur les assiettes. Servir rapidement.

Les fruits de la passion contiennent de petites graines : si vous n'appréciez pas le côté « croquant », il suffit de passer la pulpe au tamis avant de la mélanger au yaourt.

Brochettes de pommes de terre au thon mariné

4 brochettes
- 300 g de filet de thon rouge frais (ou de saumon)
- 2 CS de ciboulette surgelée
- 4 cc de jus de citron vert
- 1 cc de piment des îles haché
- Sel, poivre du moulin
- 2 cc d'huile d'olive
- 12 rattes (200 g)
- 4 brins d'aneth

Préparation 15 mn • Cuisson 10 mn • Macération 2 h

1 Couper le thon en 12 cubes de taille égale. Les mettre dans un plat, arroser d'huile et de jus de citron, saupoudrer de piment et de ciboulette. Saler, poivrer, mélanger puis couvrir et faire mariner 2 heures au réfrigérateur en retournant de temps en temps.

2 Gratter et rincer les pommes de terre. Les faire cuire à la vapeur pendant 10 minutes. Égoutter le thon.

3 Piquer 3 pommes de terre et 3 cubes de thon sur chaque brochette en les alternant. Donner un tour de moulin à poivre et décorer d'un petit bouquet d'aneth.

Pâté de viande à la sauce tomate

6 personnes
- 500 g de steak haché à 5 %
- 1/2 cc de quatre-épices
- 4 CS de cornichons hachés
- 2 CS de semoule de couscous
- 1 boîte de sauce aux tomates fraîches (250 g)
- 1 œuf
- 1 cc d'ail haché
- 1 CS d'oignon haché
- Sel, poivre

Préparation 15 mn • Cuisson 35 mn • Réfrigération 4 h

1 Préchauffer le four (th. 7/210 °C).

2 Dans un récipient, battre l'œuf en omelette. Malaxer la viande avec le quatre-épices, l'ail, l'oignon, les cornichons hachés, la semoule et l'œuf battu. Saler, poivrer et bien mélanger.

3 Chemiser une petite terrine de papier sulfurisé. Y tasser la préparation. Égaliser et couvrir d'une feuille de papier aluminium.

4 Enfourner pour 35 minutes. Dix minutes avant la fin de la cuisson, enlever la feuille de papier aluminium pour faire dorer la terrine. Laisser tiédir et réserver au frais 4 heures.

5 Au moment de servir, couper en tranches et accompagner de sauce tomate chaude.

3 POINTS

par personne

Turban de légumes

6 personnes
- 600 g de légumes à ratatouille surgelés
- 1 gousse d'ail écrasée
- 1 cc d'herbes de Provence
- 2 œufs
- 1 cc de matière grasse à 40 %
- 5 CS de farine (100 g)
- 10 cl de lait écrémé
- 1/4 cc de quatre-épices
- 100 g de chèvre frais
- Sel, poivre

Préparation 15 mn • Cuisson 13 mn (autocuiseur)

1 Dans l'autocuiseur, porter 30 cl d'eau à ébullition. Mettre le panier de cuisson, disposer les légumes avec l'ail et les herbes de Provence, saler et poivrer. Fermer et cuire 5 minutes. Égoutter. Laisser l'eau de cuisson dans l'autocuiseur.

2 Battre les œufs avec la farine, le lait et le quatre-épices. Mixer avec les légumes et le chèvre. Rectifier l'assaisonnement.

3 Enduire de margarine un moule à savarin antiadhésif de 21 cm de diamètre. Y verser la préparation.

4 Disposer le panier de cuisson sur son support dans l'auto-cuiseur, installer le moule de façon à ce que l'eau n'y pénètre pas. Fermer et, dès le sifflement de la soupape, cuire 8 minutes à feu doux. Laisser tiédir ou refroidir et démouler.

Accompagner d'une salade verte (à comptabiliser).

Abricots passion

4 personnes
- 3 feuilles de gélatine de 2 g
- 450 g d'abricots au sirop léger
- 200 g de fromage blanc à 0 %
- 16 cc de crème à 8 %
- 2 CS d'édulcorant
- 2 blancs d'œufs

Pour le coulis de fruits rouges :
- 250 g de fruits rouges surgelés
- 2 cc de jus de citron
- 2 CS d'édulcorant

Préparation **20 mn** • Réfrigération **6 h**

1 Faire tremper les feuilles de gélatine dans un bol d'eau froide pendant 10 minutes.

2 Égoutter les abricots et réserver 5 cl de jus. Mixer les abricots avec le fromage blanc, la crème et l'édulcorant.

3 Délayer la gélatine dans le jus d'abricot chaud. L'ajouter à la préparation aux abricots et mélanger.

4 Monter les blancs en neige avec une pincée de sel. Les incorporer à la préparation en remuant délicatement.

5 Répartir la mousse d'abricot dans 4 petits moules en silicone en forme de cœur. Faire prendre au réfrigérateur pendant 6 heures.

6 Au moment de servir, mixer les fruits rouges avec le jus de citron et l'édulcorant, tamiser pour enlever les grains.

7 Démouler les cœurs sur des assiettes de service et entourer d'un cordon de coulis.

Les recettes
végétariennes

Céréales, légumes et protéines
végétales forment une farando
pour votre bien-être…

- Soupe à la châtaigne
- Céleri duchesse
- Salade de pois chiches aux épices
- Soupe aux perles d'orge
- Mâche aux pignons et chèvre frais
- Risotto aux légumes de printemps
- Spaghettis au fromage de brebis
- Tomates farcies au tofu et au bleu

Galettes de potimarron au cumin

- Steaks de soja aux haricots verts

- Figues et pommes au caramel salé

- Compote de fruits frais et secs
  à la badiane

- Galettes de potimarron au cumin

- Taboulé aux lentilles

- Légumes à l'étouffée

- Salade tiède de carottes à la crème

3 POINTS

par personne

Soupe à la châtaigne

4 personnes
- 200 g de châtaignes cuites sous vide
- 1 bulbe de fenouil
- 1 petit brin de romarin
- 4 cc d'huile d'olive
- 4 cc de parmesan
- 1 oignon
- 2 gousses d'ail
- 1 carotte
- Sel, poivre

Préparation 15 mn • Cuisson 30 mn

1 Porter à ébullition 1,5 litre d'eau salée et poivrée dans une cocotte. Rincer les châtaignes sous l'eau puis les égoutter. Éplucher l'oignon, l'ail, la carotte, les laver et les émincer. Retirer la partie extérieure du fenouil, le laver, puis l'émincer.

2 Jeter les légumes émincés dans l'eau bouillante ainsi que les châtaignes et le romarin. Laisser mijoter à feu doux pendant 30 minutes au moins. Ôter le romarin et mixer le potage.

3 Verser le potage dans des bols, ajouter un filet d'huile d'olive et le parmesan. Servir aussitôt.

1 POINT

par personne

Céleri duchesse

4 personnes
- 300 g de pommes de terre
- 400 g de céleri-rave
- 1 cc de margarine à 60 %
- 1 jaune d'œuf
- Sel, poivre du moulin

Préparation 15 mn • Cuisson 25 mn

1 Préchauffer le four (th. 8/240 °C).

2 Peler les pommes de terre et le céleri, les couper en quartiers et les faire cuire dans un autocuiseur pendant 10 minutes.

3 Égoutter les légumes et les écraser en purée. Saler et poivrer. Ajouter la margarine et le jaune d'œuf. Bien mélanger.

4 Sur une plaque antiadhésive, former des bâtonnets de 5 cm de long avec une poche à douille cannelée.

5 Enfourner pour 10 minutes. Terminer la cuisson sous le gril pour 5 minutes, jusqu'à obtenir une belle coloration dorée.

4 POINTS
par personne

Salade de pois chiches aux épices

4 personnes
- 400 g de pois chiches en conserve au naturel
- 1 citron non traité après récolte
- 4 oignons blancs
- 3 brins de menthe fraîche
- 10 brins de ciboulette
- 2 capsules de cardamome
- 1 pincée de cumin
- 4 cc d'huile de soja
- 4 cc de raisins secs
- Sel, poivre

Préparation 20 mn • Repos 2 h (facultatif)

1 Rincer les pois chiches sous l'eau fraîche puis les égoutter. Les verser dans un saladier.

2 Éplucher les oignons, laver la menthe et la ciboulette. Émincer les herbes et les oignons très finement. Les ajouter aux pois chiches. Laver le citron sous l'eau chaude. Prélever 3 ou 4 fines lanières de zeste, puis presser le citron. Verser le jus dans le saladier, ajouter les zestes.

3 Assaisonner avec les graines de cardamome (contenues dans les capsules), le cumin, l'huile de soja et les raisins. Saler, poivrer fortement et bien mélanger. Laisser mariner, si possible, pendant 2 heures avant de consommer (à température ambiante).

Cette salade est également délicieuse tiède : passer le saladier 2 minutes au four à micro-ondes avant de servir.

2 POINTS
par personne

Soupe aux perles d'orge

- 400 g de chou vert frisé (1/2 chou)
- 1 carotte
- 1 oignon
- 1 gousse d'ail
- 200 g de pommes de terre
- 1 brin de thym
- 40 g d'orge perlé
- Persil plat
- 4 cc de crème fraîche à 15 %
- Sel, poivre

Préparation 15 mn • Cuisson 40 mn (27 mn en autocuiseur)

1 Porter à ébullition 1,5 litre d'eau salée et poivrée dans une cocotte. Ôter les feuilles trop dures du chou, le laver rapidement. Éplucher les autres légumes et les laver également à l'eau fraîche.

2 Émincer tous les légumes en fine julienne, puis les jeter dans l'eau bouillante, ainsi que le brin de thym. Couvrir et laisser mijoter pendant 25 minutes à feu doux (ou 12 minutes à l'autocuiseur).

3 Ajouter l'orge perlé et poursuivre la cuisson pendant 15 minutes à feu très doux. Ajouter la crème hors du feu, saupoudrer de persil haché et servir très chaud.

4 POINTS
par personne

Mâche aux pignons et chèvre frais

4 personnes

- 1 barquette de mâche (200 g)
- 25 g de pignons
- 120 g de chèvre frais
- 100 g de raisin noir
- 1 kiwi
- 2 cc de moutarde de Meaux
- 4 cc d'huile de noix
- 2 cc de vinaigre balsamique
- Sel, poivre

Préparation 20 mn • Cuisson 2 mn

1 Rincer la mâche à l'eau claire, puis l'essorer parfaitement. La disposer dans un saladier. Faire dorer les pignons dans une petite poêle antiadhésive (1 à 2 minutes), puis les verser sur une assiette. Couper le chèvre en 4 portions. Rincer le raisin, l'égrener délicatement. Éplucher le kiwi, le couper en quartiers, dans le sens de la hauteur.

2 Mélanger la moutarde, l'huile, le vinaigre et 1 cuillerée à soupe d'eau. Saler et poivrer. Verser la sauce sur la mâche, bien mélanger pour enrober la salade.

3 Dans 4 assiettes de service, assez grandes, répartir la salade, ajouter les pignons, le fromage et les fruits frais.

6 POINTS
par personne

Risotto aux légumes de printemps

4 personnes
- 240 g de riz long cru
- 4 oignons blancs
- 150 g de carottes nouvelles
- 150 g de petits pois frais
- 1 cœur de céleri
- 1 tablette de bouillon de légumes
- 2 cc d'huile de maïs
- 4 CS de crème fraîche à 15 %
- 4 cc de parmesan
- 10 brins de ciboulette
- Sel, poivre

Préparation 25 mn • Cuisson 43 mn

1   Éplucher les oignons et les émincer. Les disposer dans une cocotte à fond épais avec l'huile et le riz. Faire revenir à feu doux en remuant pendant 5 minutes. Couvrir d'eau, ajouter la tablette de bouillon. Couvrir et laisser mijoter 18 minutes. Laisser reposer en fin de cuisson.

2   Pendant la cuisson du riz, préparer les légumes. Éplucher les carottes, écosser les petits pois, laver le cœur de céleri. Émincer les carottes et le céleri. Faire cuire les légumes dans une petite cocotte, avec 1/2 verre d'eau, le sel et le poivre pendant 20 minutes.

3   Mélanger la crème, le parmesan et la ciboulette dans un petit bol. Répartir le riz cuit en couronne dans 4 assiettes chaudes, ajouter les légumes au centre. Verser la sauce et servir aussitôt.

7
POINTS
par
personne

Spaghettis au fromage de brebis

4 personnes
- 240 g de spaghettis
- 300 g de tomates olivettes
- 2 piments d'Espelette secs
- 60 g de fromage sec de brebis
- 4 cc d'huile d'olive
- 2 gousses d'ail
- Cerfeuil

Préparation 15 mn • Cuisson 19 mn

1 Laver les tomates, les couper en petits dés. Fragmenter le piment d'Espelette avec les doigts. Éplucher l'ail, écraser les gousses. Faire chauffer l'huile dans une cocotte, ajouter l'ail, le piment et les tomates. Faire revenir à feu vif pendant 5 minutes, puis laisser mijoter 10 minutes, à couvert.

2 Porter à ébullition une grande quantité d'eau salée. Verser les pâtes et cuire à feu vif pendant 8 minutes (ou suivre les indications inscrites sur l'emballage).

3 Couper le fromage en fins copeaux ou le râper. Laver le cerfeuil et l'effeuiller. Égoutter les pâtes, les verser dans la sauce tomate. Faire réchauffer 1 minute, puis verser dans le plat de service. Saupoudrer de fromage et de cerfeuil et servir aussitôt.

6,5
POINTS
par
personne

Tomates farcies au tofu et au bleu

4 personnes
- 8 tomates bien rondes, de taille moyenne
- 240 g de tofu nature
- 30 g de bleu d'Auvergne
- 3 CS de persil haché
- 3 cc d'huile de pépins de raisin
- 160 g de boulghour cru
- 4 cc de gruyère râpé
- 1 oignon jaune
- 3 CS de ciboulette hachée
- 2 œufs
- Sel, poivre

Préparation 35 mn • Cuisson 1 h 25

1 Préchauffer le four (th. 5-6/150-180 °C). Laver les tomates, couper la partie supérieure et les évider, en récupérant la chair. Saler l'intérieur et les laisser égoutter à l'envers pendant 20 minutes environ. Éplucher l'oignon, et l'émincer. Battre les œufs en omelette.

2 Écraser le tofu à la fourchette dans un petit saladier. Ajouter le gruyère, le bleu, le persil, la ciboulette, l'oignon émincé et les œufs battus. Saler et poivrer.

3 Rincer les tomates et les éponger. Les remplir avec la farce au tofu, remettre les « chapeaux » et disposer les tomates dans un plat à gratin. Les faire cuire au four pendant 35 minutes environ.

4 Verser la pulpe des tomates dans une petite casserole. Ajouter l'huile, saler et poivrer. Laisser réduire pendant 15 minutes, puis passer au chinois pour éliminer les graines (facultatif).

5 Faire cuire le boulghour 15 minutes à l'eau bouillante salée. Servir les tomates chaudes, accompagnées du boulghour et du coulis de tomate.

Le bleu d'Auvergne peut être remplacé par du reblochon ou du comté.

Steaks de soja
aux haricots verts

2 personnes
- 1 grande boîte de haricots verts en conserve (égouttés 530 g)
- 2 steaks de soja aux fines herbes de 100 g
- 1 échalote
- 1 petite boîte de tomates concassées
- 1 CS de persil ciselé
- Poivre du moulin

Préparation **10 mn** • Cuisson **7 mn**

1 Peler et hacher finement l'échalote. Égoutter les haricots verts.

2 Mettre les steaks de soja dans une poêle antiadhésive chaude avec l'échalote (sans ajouter de matière grasse). Cuire 2 minutes de chaque côté tout en remuant l'échalote.

3 Ajouter les tomates concassées puis les haricots verts. Poursuivre la cuisson 2 minutes tout en remuant. Donner un tour de moulin à poivre et saupoudrer de persil.

2,5 POINTS
par personne

Figues et pommes au caramel salé

4 personnes
- 2 pommes (reine des reinettes)
- 4 figues bien mûres
- 4 cc de beurre salé
- 400 g de fromage blanc à 0 %
- 1 citron
- 2 sachets de sucre vanillé
- 9 morceaux de sucre

Préparation 20 mn • Cuisson 22 mn

1 Préchauffer le four (th. 7/210 °C). Laver les figues, les couper en 2 dans le sens de la hauteur. Éplucher les pommes, les couper en 6 quartiers. Étaler les fruits dans un plat à gratin et enfourner pour 15 minutes. Garder au chaud.

2 Mettre les morceaux de sucre dans une petite casserole, mouiller avec le jus du citron et porter à ébullition à feu moyen. Laisser caraméliser 5 à 8 minutes environ, sans remuer avec une cuiller, mais en bougeant la casserole. Lorsque le caramel est blond foncé, ajouter le beurre hors du feu et mélanger.

3 Battre le fromage blanc avec le sucre vanillé, le disposer en dôme sur 4 assiettes de service. Garder ensuite les assiettes au frais.

4 Au moment de servir, disposer les fruits chauds autour du fromage blanc et arroser de caramel également chaud. Servir immédiatement.

2 POINTS
par personne

Compote de fruits frais et secs à la badiane

4 personnes

- 1 pomme moyenne
- 1 poire moyenne
- 6 pruneaux dénoyautés
- 20 g de noisettes
- 2 étoiles de badiane (anis étoilé)
- 1 orange à jus
- 300 g de quetsches
- 1 pincée de cannelle
- Poivre

Préparation 15 mn • Cuisson 28 mn

1 Éplucher la pomme et la poire. Les couper en quartiers, en prenant soin d'ôter la partie centrale. Disposer dans une petite casserole. Laver les prunes, les couper en 2, les dénoyauter. Les ajouter dans la casserole, ainsi que les pruneaux, coupés en 2. Presser l'orange, verser le jus obtenu dans la casserole.

2 Mélanger les fruits, ajouter la badiane, la cannelle et 1 pincée de poivre. Faire cuire à feu très doux pendant 25 minutes, en remuant de temps en temps.

3 Faire dorer les noisettes dans une petite poêle antiadhésive, pendant 3 minutes environ. Les concasser grossièrement à l'aide d'un pilon ou d'un rouleau à pâtisserie.

4 Ôter la badiane de la casserole, répartir la compote tiède dans 4 coupes, saupoudrer de noisettes grillées et servir.

2 POINTS par personne

Galettes de potimarron au cumin

4 personnes
- 800 g de chair de potimarron (poids net cru)
- 2 échalotes
- 2 œufs
- 4 CS de Maïzena
- 1 pincée de cumin en poudre
- 1 pincée de muscade
- 4 cc d'huile de tournesol
- Sel, poivre

Préparation **25 mn** • Cuisson **50 mn**

1 Éplucher le potimarron, retirer les graines et couper la chair en dés. Éplucher et émincer les échalotes. Verser les légumes dans une cocotte à fond épais, saler et poivrer. Couvrir et cuire à feu très doux, en remuant de temps en temps, pendant 30 minutes. Si le mélange a tendance à attacher, ajouter 2 ou 3 cuillerées d'eau.

2 Lorsque le potimarron est bien cuit, le réduire en purée à l'aide d'un presse-purée ou d'un mixeur. Ajouter les œufs battus avec la Maïzena, le cumin et la muscade. Bien mélanger pour obtenir une purée épaisse et homogène. Laisser tiédir.

3 Faire chauffer 2 cuillerées d'huile dans une large poêle antiadhésive. Disposer des petits tas de purée dans la poêle en les séparant bien. Les aplatir légèrement et les cuire 5 minutes sur chaque face. Les garder au chaud, et recommencer l'opération avec le reste de purée.

4 Servir chaud accompagné d'une scarole bien croquante.

Taboulé aux lentilles

4 personnes
- 1 sachet de lentilles vertes (120 g)
- 100 g de couscous à gros grains
- 3 cc d'huile d'olive
- 3 tomates
- 1 oignon doux
- 1 poivron jaune
- 1 CS de jus de citron
- 1/2 yaourt à 0 %
- 1 CS de menthe ciselée
- 1 CS de persil ciselé
- Sel, poivre

Préparation 20 minutes • Cuisson 12 mn • Réfrigération 1 h

1 Mettre les lentilles dans un autocuiseur avec un litre d'eau froide. Cuire 12 minutes dès la mise en rotation de la soupape. Égoutter.

2 Mesurer la semoule dans un bol, la verser dans un saladier et ajouter la même quantité d'eau bouillante salée plus 1 cuillerée à café d'huile. Laisser gonfler 5 minutes. Décoller les grains du bout des doigts. Ajouter les lentilles et mélanger.

3 Peler les tomates et l'oignon. Les couper en petits dés ainsi que le poivron. Les ajouter dans le saladier.

4 Mélanger les 2 cuillerées à café d'huile restante et le jus de citron dans le yaourt. Saler et poivrer. En arroser le taboulé, saupoudrer de menthe et de persil. Bien mélanger.

5 Mettre sous film et réserver au frais au moins 1 heure avant de servir.

Légumes à l'étouffée

4 personnes
- 200 g de pommes de terre
- 400 g de carottes
- 200 g de chou blanc
- 100 g de céleri branche
- 2 oignons
- 2 cc d'ail haché
- 2 cc d'huile d'olive
- 1 CS de persil haché
- Sel, poivre du moulin

Préparation 15 mn • Cuisson 30 mn

1 Préparer et peler les légumes. Détailler les pommes de terre, les carottes et le chou en fine julienne. Couper le céleri en petits dés et ciseler le vert. Émincer finement les oignons.

2 Dans une cocote en fonte, verser l'huile et faire revenir les oignons doucement sur feu doux. Ajouter l'ail, les légumes, le sel et le poivre puis remuer pendant 2 minutes.

3 Ajouter 1 cuillerée à soupe d'eau, couvrir et laisser cuire à feu doux pendant 30 minutes. Remuer en cours de cuisson et, si nécessaire, ajouter un peu d'eau.

4 Au moment de servir, rectifier l'assaisonnement, incorporer le persil et mélanger.

Ce mode de cuisson concentre les saveurs et préserve les vitamines.

1 POINT
par personne

Salade tiède de carottes à la crème

4 personnes
- 6 carottes
- 16 cc de crème à 8 %
- 1 CS de coriandre ciselée
- Sel, poivre
- 4 CS de raisins secs
- 2 cc de jus de citron
- 1 CS de ciboulette ciselée

Préparation 10 mn • Cuisson 20 mn

1 Peler et couper les carottes en rondelles. Les mettre dans le panier à cuisson d'un appareil à vapeur (remplir le bac d'eau au préalable) et cuire pendant 20 minutes jusqu'à ce que les carottes soient tendres.

2 Dix minutes avant la fin de la cuisson, ajouter les raisins secs sur les carottes pour les faire gonfler.

3 Verser les carottes et les raisins dans un saladier. Mélanger la crème et le citron, en arroser la salade. Saupoudrer d'herbes et mélanger.

6

30

Trente années de délices,
trente recettes exceptionnelles
pour célébrer cet événement.
Ce soir, vous êtes notre invité,
installez-vous confortablement
et venez déguster chacune
de ces pages… avec les yeux,
tout d'abord, puis imaginez la table
dressée, les bougies allumées
et ces arômes qui mijotent
gentiment… Tout doucement,
à petits pas, entrez dans
cet univers, laissez-vous séduire
par ces recettes et porter
par cette ambiance de fête…
Soufflons les bougies tous ensemble !

années
de délices

30
années
de délices

Les entrées
- Pissaladière
- Tarte râpée
- Terrine de courgettes au basilic

Les végétariennes
- Brochettes de Monsieur Seguin
- Croustillant de munster
- Tarte fine au roquefort et aux raisins
- Tarte provençale

Les poissons
- Coquilles saint-jacques express
- Fondue de légumes au surimi
- Lotte en blanquette
- Mousse d'asperges au saumon fumé

Les viandes

- Aubergine gratinée à la bolognaise
- Curry d'agneau au lait de coco
- Quiche à la Du Barry
- Poulet à la bière et à l'oignon
- Poulet cocotte « grand-mère »
- Tajine d'agneau aux courgettes et au citron confit

Les plats complets

- Lasagnes
- Pizza rapide
- Tartiflette

Les accompagnements

- Frites au four
- Poêlée de courgettes aux olives
- Pois chiches à la catalane
- Pommes de terre farcies à la cancoillotte

Les desserts

- Beignets de pommes
- Charlotte au chocolat
- Gâteau végétarien
- Polonaise
- Rochers à la noix de coco
- Tiramisu aux fraises

Les entrées

5,5 POINTS

par personne

Pissaladière

6 personnes

- 1 CS d'huile d'olive
- 600 g d'oignons émincés surgelés
- 1 CS d'herbes de Provence
- 350 g de pâte à pain du boulanger
- 120 g de filets d'anchois nature
- 12 olives noires
- Sel, poivre

Préparation 10 mn • Cuisson 30 mn

1 Préchauffer le four (th. 7/230 °C).

2 Faire chauffer l'huile dans une poêle et y faire revenir les oignons. Ajouter les herbes de Provence, le sel et le poivre. Cuire 10 minutes en remuant de temps en temps.

3 Étaler la pâte à pain sur une plaque antiadhésive ou recouverte d'une feuille de cuisson. Mettre les oignons sur la pâte. Disposer dessus les anchois en croisillons. Décorer avec les olives.

4 Cuire au four 20 minutes.

5 POINTS

par personne

Tarte râpée

4 personnes
- 4 pommes de terre moyennes
- 2 petites courgettes
- 1 œuf
- 2 cc de Maïzena
- 1 cc de chapelure
- 1 gros oignon doux
- 2 cc de margarine à 60 %
- 4 CS de crème fraîche à 8 %
- 8 tranches de bacon bien dégraissé
- 40 g de parmesan râpé
- Sel, poivre

Préparation 30 mn • Cuisson 55 mn

1 Préchauffer le four (th. 7/220 °C).

2 Peler les pommes de terre et laver les courgettes. À l'aide d'une râpe (grosse grille), râper les courgettes et les pommes de terre. Les ébouillanter 3 minutes dans l'eau salée. Les égoutter une première fois puis les rincer à l'eau tiède. Les égoutter de nouveau en pressant bien pour enlever le maximum d'eau.

3 Dans un saladier, mélanger les légumes râpés avec l'œuf et la Maïzena. Mettre une feuille de cuisson four dans un moule à tarte de 26 cm de diamètre. Répartir la préparation sur la feuille en aplatissant bien le mélange dans le moule pour lui donner sa forme. Saupoudrer de chapelure. Mettre 15 minutes au four.

4 Pendant ce temps, faire revenir à feu doux dans la matière grasse l'oignon coupé en fines lamelles.

5 Sortir le fond de tarte du four. Étaler la crème fraîche, puis répartir l'oignon et le bacon. Terminer par le parmesan. Enfourner 40 minutes.

2 POINTS
par personne

Terrine de courgettes au basilic

8 personnes
- 500 g d'oignons émincés
- 2 cc d'huile d'olive
- 1 kg de courgettes
- 6 œufs
- 1 boîte de tomates concassées
- 1 gousse d'ail
- 1 poignée de basilic
- Sel, poivre

Préparation **10 mn** • Cuisson **1 h** • Réfrigération **3 h**

1 Préchauffer le four (th. 6/200 °C).

2 Faire revenir les oignons dans une poêle avec l'huile d'olive.

3 Éplucher les courgettes, les couper en rondelles. Les ajouter aux oignons. Saler, poivrer et laisser cuire environ 30 minutes. Quand les légumes sont bien cuits, les écraser à travers une passoire pour éliminer l'excès d'eau.

4 Battre les œufs en omelette. Les incorporer à la préparation et verser le tout dans un moule à cake antiadhésif ou recouvert d'une feuille de cuisson. Cuire au four au bain-marie pendant 30 minutes.

5 Pendant ce temps, préparer le coulis de tomates au basilic. Verser la pulpe de tomates dans une casserole et faire réduire à feu doux. Ajouter un peu d'ail haché. Saler et poivrer. Mixer puis ajouter une poignée de basilic ciselé.

6 Réserver les deux préparations au frais. Servir cette terrine très froide avec le coulis en saucière.

Les **v**égétariennes

4 POINTS par personne

Brochettes de Monsieur Seguin

4 personnes
- 1 beau poivron
- 150 g de fromage de chèvre Sainte-Maure
- 12 tranches de bacon
- 250 g de tomates cerises
- 100 g de champignons de Paris
- Herbes de Provence
- Poivre

Préparation 5 mn • Cuisson 10 mn

1 Allumer le gril du four ou préparer le barbecue.

2 Couper le poivron en gros morceaux et les faire précuire 5 minutes dans une casserole d'eau bouillante.

3 Couper le chèvre en 12 morceaux. Placer chaque morceau au milieu d'une tranche de bacon. Constituer les brochettes en alternant les légumes et les petits paniers au chèvre. Saupoudrer d'herbes de Provence et poivrer.

4 Passer au gril ou au barbecue en surveillant bien la cuisson. Servir dès que le fromage est fondu.

Astuce : penser à ébouillanter quelques minutes tous les légumes à cuisson lente (poivron, courgette...) avant de les piquer sur la brochette.

3,5 POINTS

par personne

Croustillant de munster

1 personne
- 1 feuille de brick
- 300 g de choucroute cuite
- 30 g de munster
- 2 pincées de colombo

Préparation 5 mn • Cuisson 20 mn

1 Préchauffer le four (th. 5/180 °C). Mettre la feuille de brick sur une plaque de four recouverte d'une feuille de cuisson. Déposer, au centre de celle-ci, 2 cuillerées à soupe de choucroute. Ajouter le munster coupé en lamelles et saupoudrer le colombo. Refermer la feuille de brick en formant un pannequet. Cuire au four 20 minutes en retournant le pannequet à mi-cuisson.

2 Pendant ce temps, réchauffer la choucroute restante. Dans une assiette, verser la choucroute et déposer dessus le croustillant.

3 POINTS

par personne

Tarte fine au roquefort et aux raisins

8 personnes
- 16 grains de raisin blanc
- 160 g de pâte feuilletée
- 60 g de roquefort

Préparation 20 mn • Cuisson 15 mn

1 Préchauffer le four (th. 6/200 °C). Rincer le raisin, l'égrener, couper les grains en deux et les épépiner. Découper, dans une pâte feuilletée, 8 disques de 10 cm de diamètre. Les piquer avec une fourchette puis les passer au four pendant 10 minutes.

2 Une fois qu'ils ont refroidi, les saupoudrer avec des lichettes de fromage et répartir les demi-grains de raisin. Enfourner 5 minutes (le fromage doit être fondu). Délicieux accompagné d'une salade amère.

252

5 POINTS.

par personne

Tarte provençale

6 personnes
- 16 tomates moyennes
- 180 g de pâte feuilletée
- 4 ou 5 gousses d'ail
- 1 petit bouquet de persil
- 3 œufs
- 4 CS de crème fraîche à 15 %
- 90 g de gruyère râpé allégé
- 2 cc d'herbes de Provence
- Sel, poivre

Préparation 20 mn (la veille) • Cuisson 45 mn

1 La veille, laver et essuyer les tomates. Les couper en deux dans la largeur. Les saupoudrer généreusement de sel et les retourner sur une grille. Les laisser dégorger toute la nuit.

2 Le lendemain, préchauffer le four (th. 8/210 °C).

3 Garnir un moule à tarte de 28 cm de diamètre avec la pâte. La piquer à l'aide d'une fourchette. Presser délicatement les demi-tomates avec la main et les disposer sur le fond de tarte en les serrant bien.

4 Éplucher et hacher finement l'ail et le persil. Dans un saladier, battre les œufs avec la crème fraîche puis incorporer le gruyère râpé. Ajouter à cette préparation le hachis d'ail et de persil et les herbes de Provence. Saler et poivrer.

5 Verser sur les tomates dans le moule à tarte. Enfourner 45 minutes.

Les **p**oissons

3 POINTS
par personne

Coquilles saint-jacques express

4 personnes
- 550 g de noix de saint-jacques
- 1 cc de margarine
- 6 cc de cognac
- 4 CS rases de crème fraîche allégée
- 1 gousse d'ail
- 10 brins de persil
- Sel, poivre

Préparation **10 mn** • Cuisson **10 mn**

1 Éponger les noix de saint-jacques. Les couper dans le sens de l'épaisseur si elles sont très épaisses.

2 Faire fondre la margarine dans une poêle antiadhésive. Mettre les noix dans la poêle et les faire raidir à feu vif 5 minutes en remuant. Verser le cognac, flamber, puis baisser le feu. Ajouter la crème, saler, poivrer et laisser mijoter à feu très doux 5 minutes.

3 Pendant ce temps, éplucher la gousse d'ail. Laver le persil. Faire un hachis d'ail et de persil et le verser dans la poêle. Mélanger et servir chaud.

7 POINTS
par personne

Fondue de légumes au surimi

1 personne
- 150 g de poireaux
- 120 g de surimi
- 150 g de carottes
- 1 cc de margarine à 60 %
- 8 cc de crème fraîche à 8 %
- 1 cc de curry
- Sel, poivre

Préparation 10 mn • Cuisson 15 mn

1 Laver les poireaux, détacher les blancs et les couper en rondelles. Les faire revenir dans une poêle avec la margarine jusqu'à ce qu'ils deviennent translucides.

2 Ajouter le surimi en bâtonnets coupés en trois, ainsi que les carottes râpées. Laisser mijoter 10 minutes. Ajouter la crème fraîche, le curry, saler et poivrer.

3 Servir chaud avec un riz basmati (à comptabiliser).

3 POINTS

par personne

Lotte en blanquette

4 personnes
- 630 g de lotte
- 1 oignon
- 2 clous de girofle
- 2 tomates
- 4 cc de concentré de tomates
- 1 bouquet garni
- 300 g de haricots verts (frais ou surgelés)
- 1 petit chou-fleur
- 4 carottes
- 4 navets
- 1 jaune d'œuf
- 8 cc de crème fraîche allégée
- 1 CS de farine
- 3 cl de jus de citron
- Noix muscade râpée
- Persil
- Sel, poivre

Préparation 30 mn • Cuisson 30 mn

1 Dans une cocotte, verser 2 bols d'eau chaude. Ajouter l'oignon piqué avec 2 clous de girofle, les tomates pelées, épépinées et coupées en morceaux. Incorporer le concentré de tomates et le bouquet garni. Saler et poivrer. Porter à ébullition puis ajouter la lotte coupée en tronçons. Couvrir, laisser réduire à feu doux.

2 Faire cuire les haricots verts à la vapeur. Blanchir les choux 5 minutes dans de l'eau bouillante salée.

3 À mi-cuisson de la lotte, ajouter les carottes en rondelles et les navets en quartiers. Une fois que les légumes sont cuits, les disposer avec le poisson dans un plat creux. Tenir au chaud.

4 Maintenir la cocotte à ébullition et préparer la liaison : dans une grande terrine, mélanger le jaune d'œuf, la crème fraîche, la farine, le jus de citron et la muscade.

Incorporer peu à peu le jus de cuisson en battant au fouet. Verser sur le plat garni. Parsemer de persil plat et servir immédiatement.

3 POINTS
par personne

Mousse d'asperges au saumon fumé

4 personnes
- 4 feuilles de gélatine
- 300 g de pointes d'asperges en conserve
- 2 œufs durs
- 8 cc de crème fraîche à 15 %
- 120 g de saumon fumé

Préparation 15 mn • Réfrigération 4 h

1 Faire ramollir la gélatine dans un peu d'eau froide. Porter à ébullition 5 cl de jus des pointes d'asperges en conserve. Dissoudre les feuilles de gélatine ramollies et égouttées.

2 Verser dans le bol d'un mixeur les pointes d'asperges, le jus, les œufs durs coupés en morceaux et la crème fraîche. Mixer le tout.

3 Dans le fond d'une terrine, déposer la moitié du saumon fumé coupé en lamelles, verser la préparation aux asperges et recouvrir avec le reste de saumon. Réserver 4 heures au frais avant de servir.

Les viandes

6 POINTS
par personne

Aubergine gratinée à la bolognaise

1 personne

- 1 aubergine moyenne
- 1 oignon
- 1 steak haché 5 %
- 1/2 boîte de dés de tomates
- 1 CS de concentré de tomates
- 1 CS de vin blanc
- 1 petit bouquet garni
- 30 g de ricotta
- 2 CS de crème fraîche à 8 %
- 15 g de gruyère allégé
- 1/2 gousse d'ail
- Sel, poivre

Préparation 20 mn • Cuisson 40 mn

1 Préchauffer le four (th. 5/180 °C).

2 Laver et couper l'aubergine en fines lamelles. Les faire revenir dans une poêle recouverte d'une feuille de cuisson jusqu'à ce qu'elles deviennent tendres (7 minutes). Réserver.

3 Éplucher et émincer l'oignon. Dans la même poêle, faire fondre l'oignon, puis saisir le steak haché émietté. Ajouter les dés de tomates, le concentré de tomates, le vin blanc, l'ail haché, et le bouquet garni. Ajouter un peu d'eau si nécessaire. Saler, poivrer et laisser mijoter 20 minutes.

4 Égoutter la ricotta et l'ajouter à la crème fraîche.

5 Dans un plat à gratin, disposer les aubergines, napper de sauce à la viande et recouvrir avec la ricotta et le gruyère râpé. Faire gratiner 20 minutes. Se déguste chaud.

4 POINTS

par personne

Curry d'agneau au lait de coco

4 personnes

- 320 g de gigot d'agneau
- 100 g d'oignon
- 2 gousses d'ail
- 100 g de pommes
- 200 g de tomates pelées en conserve

- 20 g de raisins secs
- 3 cc de curry
- 100 g de lait de coco
- Sel, poivre

Préparation 20 mn • Cuisson 50 mn

1 Couper le gigot en gros dés.

2 Éplucher et émincer les oignons et l'ail. Éplucher les pommes et les couper en dés. Concasser les tomates.

3 Faire chauffer une cocotte en fonte émaillée. Déposer la viande et la faire dorer à feu moyen en remuant pendant 5 minutes. Ajouter les oignons et l'ail et faire revenir encore 5 minutes. Verser les tomates, les dés de pommes, les raisins, le curry et le lait de coco. Saler, poivrer puis couvrir et laisser mijoter 40 minutes à feu très doux.

4 Servir chaud avec un riz basmati (à comptabiliser).

5,5 POINTS

par personne

Quiche à la Du Barry

4 personnes

- 100 g de farine
- 8 cc de margarine allégée
- 1 petit-suisse à 40 % de MG (40 g)
- 250 g de chou-fleur détaillé en petits bouquets
- 4 cc rase de gruyère râpé allégé
- 1 yaourt
- 1 œuf
- 90 g de lait concentré 1/2 écrémé non sucré
- 60 g de jambon blanc dégraissé
- Sel, poivre

Préparation 30 mn • Cuisson 30 mn

1 Préparer la pâte à tarte en mélangeant la farine, la margarine, le petit-suisse et 1 pincée de sel. Former une boule et laisser reposer 30 minutes.

2 Préchauffer le four (th. 7/210 °C).

3 Porter une casserole d'eau salée à ébullition. Plonger les bouquets de chou-fleur et laisser bouillir 10 minutes. Égoutter soigneusement.

4 Étaler la pâte au rouleau. Tapisser une tourtière à revêtement antiadhésif de 18 à 20 cm de diamètre. Y ranger les bouquets de chou-fleur et les saupoudrer de gruyère râpé. Placer 10 minutes au four et retirer aussitôt.

5 Pendant ce temps, battre le yaourt avec l'œuf et le lait concentré. Saler et poivrer. Ajouter le jambon coupé en morceaux. Verser ce mélange sur le chou-fleur. Remettre à four chaud pendant 20 minutes puis déguster.

Ce plat savoureux sera d'autant mieux réussi si les bouquets de chou-fleur sont tout petits et détachés de leur tige. Le reste du chou-fleur pourra être cuit avec d'autres légumes, pour faire un potage par exemple.

4 POINTS.
par personne

Poulet à la bière et à l'oignon

4 personnes
- 1 poulet de 1,2 kg coupé en 12 morceaux
- 240 g d'oignons (pesés pelés)
- 1 feuille de laurier
- 1 CS de baies de genièvre
- 1/2 cc de poivre concassé
- 25 cl de bière blonde
- Sel

Préparation 15 mn • Cuisson 1 h 15 mn

1 Préchauffer le four (th. 8/240 °C).

2 Retirer la peau des morceaux de poulet et faire des entailles dans la chair. Émincer les oignons. Casser la feuille de laurier en 4.

3 Disposer les morceaux de poulet dans un plat à four pouvant les contenir sans qu'ils ne se chevauchent. Ajouter les oignons, la feuille de laurier, le poivre et les baies de genièvre. Saler et arroser avec la bière. Glisser le plat au four et laisser cuire 1 heure 15.

4 Au bout de 30 minutes de cuisson, retourner les morceaux de poulet toutes les 10 minutes environ. En fin de cuisson, les morceaux de poulet sont tendres et bien dorés. Servir aussitôt.

4 POINTS

par personne

Tajine d'agneau aux courgettes et au citron confit

6 personnes
- 3 courgettes moyennes
- 2 oignons
- 1 CS d'huile d'olive
- 360 g de selle d'agneau (désossée et coupée en gros cubes)
- 1 cube de bouillon
- 2 CS de miel
- 1 dose de safran
- 1 pincée de cumin
- 1 pincée de gingembre en poudre
- 1 citron confit
- 2 gousses d'ail
- 1 grosse boîte de tomates pelées
- 12 olives vertes dénoyautées
- 20 g d'amandes mondées
- Sel, poivre

Préparation 20 mn • Cuisson 1 h

1 Préchauffer le four (th. 6-7/210 °C).

2 Laver et éplucher les courgettes. Les couper en morceaux. Éplucher et émincer les oignons.

3 Faire chauffer l'huile dans une cocotte allant au four et faire revenir les oignons pendant 3 minutes en remuant bien, jusqu'à ce qu'ils deviennent translucides. Continuer ensuite avec les dés de viande tout en mélangeant.

4 Préparer 25 cl de bouillon avec le cube et de l'eau chaude. Mouiller la viande revenue en décollant bien les sucs avec une cuiller en bois. Ajouter le miel, le safran, le cumin, le gingembre, le citron coupé en dés et l'ail écrasé. Bien remuer, puis ajouter les tomates et les courgettes. Saler, poivrer. Couvrir la cocotte (ou mettre la préparation dans un tajine en terre) puis faire cuire au four pendant 45 minutes.

5 Dix minutes avant la fin de la cuisson, ajouter les olives et les amandes.

6 Servir bien chaud, accompagné de couscous ou de pommes de terre cuites à la vapeur (à comptabiliser).

5 POINTS

par personne

Poulet cocotte « grand-mère »

4 personnes
- 150 g de champignons émincés en conserve
- 1 oignon
- 1 kg de pommes de terre
- 3 cc d'huile (ou de margarine)
- 60 g de bacon
- 4 blancs de poulet de 130 g
- 12,5 cl de vin blanc sec
- 1 bouquet garni
- 1 petit bouillon cube de volaille dégraissé
- Sel, poivre

Préparation **20 mn** • Cuisson **10 mn**

1 Égoutter les champignons. Éplucher l'oignon et l'émincer. Peler les pommes de terre, les couper en cubes, les laver.

2 Dans un autocuiseur, faire chauffer la matière grasse et faire revenir l'oignon, puis les champignons et le bacon en lanières. Ajouter les blancs de poulet et les laisser dorer. Déglacer avec le vin blanc. Ajouter le poivre, le bouquet garni et le bouillon cube. Bien mélanger. Ajouter les pommes de terre.

3 Fermer l'autocuiseur et cuire 10 minutes après la mise en rotation de la soupape.

Délicieux aussi en ajoutant des tomates fraîches coupées en cubes en même temps que les pommes de terre.

Les plats complets

9
POINTS

par
personne

Lasagnes

8 personnes

- 18 plaques de lasagne sèche (1 plaque = 20 g environ)
- 120 g de gruyère râpé

Pour la sauce bolognaise :

- 500 g de bœuf maigre haché
- 500 g de carottes en fines rondelles
- 1 boîte de tomates pelées (400 g)
- 1 verre d'eau (12,5 cl)
- 1 petite boîte de concentré de tomates (240 g)
- 4 cc d'huile d'olive
- 1 gros oignon
- 4 gousses d'ail
- Basilic, sel, poivre, herbes de Provence

Pour la sauce béchamel :

- 1 litre de lait écrémé
- 1 bouillon cube
- 80 g de farine

Préparation 35 mn • Cuisson 1 h 10

1 Préparer la sauce bolognaise : dans une cocotte, faire dorer dans l'huile l'oignon émincé, la viande, les carottes puis ajouter les tomates pelées avec le jus, le concentré de tomates, l'ail écrasé, le basilic, les herbes de Provence et l'eau. Saler, poivrer. Couvrir et laisser mijoter 30 minutes. (Cette sauce peut se congeler.)

2 Préparer la sauce béchamel : prélever 25 cl de lait froid et y délayer la farine. Faire chauffer le reste du lait avec le bouillon cube, le sel et le poivre. Quand le lait com-

mence à bouillir, verser la préparation lait-farine sans arrêter de mélanger. Retirer du feu dès que la béchamel épaissit.

3 Préchauffer le four (th. 6/180 °C).

4 Préparer les lasagnes : dans un grand plat à gratin, étaler une couche de sauce bolognaise puis une couche de pâtes, puis une autre couche de pâtes, de la sauce bolognaise et un peu de béchamel. Recommencer jusqu'à épuisement des ingrédients. Terminer par la béchamel et le gruyère. Enfourner 30 minutes.

Ce plat peut se préparer à l'avance et être congelé avant la cuisson. Il est normal que la sauce bolognaise soit un peu liquide car les pâtes absorbent le jus pendant leur cuisson.

6
POINTS

par
personne

Pizza rapide

4 personnes
- 1 baguette de pain
- 1 cc d'ail surgelé
- 1 cc d'échalote surgelée
- 100 g de jambon blanc
- 1 petite boîte de tomates concassées
- 40 g de gruyère râpé
- 4 cc d'huile d'olive
- 8 olives noires
- Sel, poivre

Préparation 5 mn • Cuisson 5 mn

1 Couper la baguette en deux dans le sens de la longueur, puis en deux dans le sens de la largeur.

2 Recouvrir avec les cubes de tomates. Saler, poivrer. Ajouter l'ail, l'échalote surgelée et le jambon préalablement dégraissé et coupé en lanières. Saupoudrer de gruyère râpé. Répartir l'huile d'olive.

3 Passer au gril le temps de faire dorer le fromage. Ajouter les olives noires coupées en deux.

6 POINTS

par personne

Tartiflette

6 personnes
- 1,2 kg de pommes de terre
- 240 g de lait 1/2 écrémé concentré non sucré
- 1/2 reblochon (240 g)
- Sel, poivre

Préparation 20 mn • Cuisson 50 mn

1 Préchauffer le four (th. 8/240 °C). Éplucher et couper les pommes de terre en fines lamelles. Les disposer dans un plat à gratin. Saler et poivrer. Recouvrir équitablement avec le lait concentré. Mettre au four pendant 40 minutes.

2 Couper le reblochon dans le sens de la longueur (sans enlever la croûte). Le poser côté croûte sur les pommes de terre et laisser fondre 10 minutes. Servir chaud, accompagné d'une salade verte et d'un vin blanc sec (à comptabiliser).

Les
accompagnements

3 POINTS
par personne

Frites au four

4 personnes
- 600 g de pommes de terre
- 1 cc de paprika
- 1 CS d'huile de tournesol
- Sel

Préparation 10 mn • Cuisson 20 mn

1 Préchauffer le four (th. 8/240-250 °C). Peler et rincer les pommes de terre. Les détailler en allumettes de 1 cm d'épaisseur. Les mettre dans un plat. Verser l'huile et le paprika. Bien mélanger à la spatule ou avec les mains pour répartir la matière grasse.

2 Étaler les frites sur une lèchefrite antiadhésive ou recouverte d'une feuille de cuisson. Cuire 20 minutes en retournant à mi-cuisson et saler.

Poêlée de courgettes aux olives

4 personnes
- 1 kg de courgettes (fraîches ou surgelées en tranches)
- 4 cc d'huile d'olive
- 1 oignon haché
- 2 gousses d'ail hachées
- 2 CS de vin blanc sec
- 10 olives vertes dénoyautées
- 4 olives noires dénoyautées
- 2 CS d'herbes de Provence
- Sel, poivre

Préparation 10 mn • Cuisson 15 mn

1 Si les courgettes sont fraîches, les laver et les couper en tranches fines sans les éplucher. Les mettre dans un saladier muni d'un couvercle, ajouter l'huile d'olive, l'oignon et l'ail hachés. Saler, poivrer. Fermer et secouer vivement pour bien répartir la matière grasse.

2 Faire cuire dans une sauteuse recouverte d'une feuille de cuisson. Remuer de temps en temps.

3 Dès que les courgettes sont bien dorées, incorporer le vin blanc, les olives et les herbes de Provence. Laisser cuire 10 à 15 minutes environ. Servir aussitôt ou laisser tiédir.

Ces courgettes accompagnent parfaitement un rôti de veau ou de porc.

4,5 POINTS
par personne

Pois chiches à la catalane

4 personnes
- 1 grosse boîte de pois chiches
- 4 tranches de bacon (60 g)
- 1 CS d'ail haché
- 2 cc d'huile
- 1 petite boîte de concentré de tomates
- 4 pincées de piment fort
- 15 cl d'eau tiède

Préparation **5 mn** • Cuisson **20 mn**

1 Rincer les pois chiches sous l'eau fraîche. Les égoutter. Couper le bacon en fines lanières.

2 Dans une cocotte, faire dorer le bacon et l'ail dans l'huile chaude. Ajouter les pois chiches.

3 Délayer le concentré de tomates et le piment dans l'eau tiède, verser sur les pois chiches. Bien mélanger, couvrir et laisser cuire 15 minutes à feu doux.

2,5 POINTS
par personne

Pommes de terre farcies à la cancoillotte

4 personnes
- 8 petites pommes de terre
- 100 g de râpé de jambon
- 120 g de cancoillotte à 5 %
- 8 cc de crème fraîche à 8 %
- Persil
- Sel, poivre

Préparation 10 mn • Cuisson 15 mn

1 Laver les pommes de terre. Les faire cuire non épluchées à la vapeur pendant 12 minutes à l'autocuiseur. Les couper en deux dans le sens de la longueur. Les creuser à l'aide d'une cuiller.

2 Dans un saladier, mélanger la chair des pommes de terre, le râpé de jambon, la cancoillotte, le poivre, le persil et un peu de sel.

3 Garnir les demi-pommes de terre avec ce mélange, les placer dans un plat en verre et les passer environ 4 minutes au four à micro-ondes, puissance moyenne, ou 12 minutes au four traditionnel (th. 7/220 °C). Au moment de servir, répartir la crème sur chaque pomme de terre.

Les desserts

2 POINTS par personne

Beignets de pommes

1 personne
- 200 g de pommes
- 100 g de fromage blanc à 0 %
- 1 œuf
- 20 g de farine
- Édulcorant (selon le goût)
- 1 pincée de sel

Préparation **20 mn** • Cuisson **5 mn**

1 Évider et éplucher les pommes, les couper en rondelles. Séparer le blanc du jaune. Bien mélanger le fromage blanc avec le jaune d'œuf et la farine. Monter le blanc en neige en ajoutant une pincée de sel. L'incorporer délicatement au mélange précédent.

2 Disposer une feuille de cuisson dans une poêle. Plonger les rondelles de pommes dans la pâte et faire dorer chaque beignet sur chacune des faces. Saupoudrer l'édulcorant selon votre goût.

2 POINTS
par personne

Charlotte au chocolat

6 personnes

Pour la mousse :
- 4 CS d'édulcorant
- 2 blancs d'œufs
- 1 sachet de gélatine en poudre
- 325 g de fromage blanc à 0 %
- 25 g de chocolat en poudre non sucré

Pour la terrine :
- 15 cl d'eau
- 1 bâton de cannelle
- 20 biscuits à la cuiller

Préparation 30 mn • Cuisson 5 mn • Réfrigération 12 h

1 Faire chauffer l'eau avec l'édulcorant et le bâton de cannelle. Laisser refroidir. Préparer la mousse au chocolat en mélangeant au fouet le fromage blanc, le chocolat, l'édulcorant et la gélatine. Monter les blancs en neige et les ajouter à la préparation précédente. Réserver au frais.

2 Tapisser une terrine ou un moule à charlotte de film cellophane pour faciliter le démoulage. Garnir le moule de biscuits trempés rapidement dans le sirop à la cannelle. Ajouter la mousse au chocolat. Recouvrir avec une couche de biscuits. Refermer le film cellophane. Mettre au frais pendant 12 heures. Déguster frais mais non glacé.

4 POINTS

par personne

Gâteau végétarien

10 personnes
- 350 g de carottes râpées
- 30 g d'abricots secs
- 30 g de raisins secs
- 12,5 cl de lait écrémé
- 9 cc d'huile végétale
- 125 g de farine complète
- 1 sachet de levure chimique
- 6 cc de fructose
- 10 cc d'édulcorant (cuisson)
- 1 pincée de sel
- 1/2 cc de poudre de gingembre
- Quelques râpées de noix muscade
- 5 œufs
- 20 g de noix hachée grossièrement
- 1 cc de margarine

Préparation **20 mn** • Cuisson **45 mn**

1 Préchauffer le four (th. 5/170 °C).

2 Dans un saladier, mélanger tous les éléments secs : farine, fructose, édulcorant, sel, épices, levure. Ajouter le lait, l'huile et les œufs. Mélanger le tout jusqu'à obtenir une pâte homogène.

3 Faire gonfler les abricots secs (coupés en petits morceaux) et les raisins au micro-ondes pendant 1 minute avec 1 cuillerée à soupe d'eau puis les mélanger avec les carottes râpées. Incorporer le mélange carottes fruits au mélange précédent.

4 Margariner un moule à manqué, verser la pâte puis parsemer des noix hachées en les enfonçant légèrement avec le doigt. Enfourner pendant 45 minutes.

Ce gâteau peut se conserver plusieurs jours.

2,5 POINTS

par personne

Polonaise

6 personnes
- 125 g de pain viennois
- 40 cl de lait écrémé
- 30 g de custard
- 2 CS d'édulcorant cuisson
- 1 CS de rhum
- 30 g de fruits confits
- 4 blancs d'œufs
- 15 g de sucre glace
- 10 g d'amandes effilées

Préparation 10 mn • Cuisson 10 mn • Réfrigération 1 h

1 Émietter le pain viennois dans un saladier.

2 Prélever 2 cuillerées à soupe de lait pour délayer le custard. Faire bouillir le lait restant dans une casserole avec l'édulcorant et ajouter le custard délayé et le rhum. Bien mélanger à feu doux jusqu'à épaississement.

3 Conserver 6 demi-cerises confites et couper le reste des fruits confits en petits dés. Les ajouter à la crème. Mélanger le tout avec le pain viennois.

4 Répartir cette préparation dans 6 ramequins individuels allant au four.

5 Allumer le gril du four. Battre les blancs d'œufs en neige ferme avec le sucre glace afin d'obtenir une meringue.

6 Répartir sur les 6 ramequins en formant un dôme. Parsemer d'amandes effilées et passer sous le gril du four 10 minutes environ (vérifier que la meringue ne brûle pas).

7 Sortir du four et poser 1/2 cerise confite sur chaque polonaise. Laisser refroidir au frais.

1,5 POINT

par personne

Rochers à la noix de coco

10 personnes
- 80 g de noix de coco râpée
- 60 g de sucre semoule
- 1 blanc d'œuf

Préparation 10 mn • Cuisson 15 mn

1 Allumer le four (th. 5/180 °C).

2 Mélanger le sucre et la noix de coco. Battre le blanc en neige ferme. Incorporer délicatement la coco sucrée.

3 Recouvrir une plaque du four avec une feuille de cuisson. Déposer 10 rochers façonnés avec une cuiller à soupe. Passer au four 15 minutes. Les retirer dès qu'ils sont légèrement dorés.

Se déguste tiède ou froid.

Tiramisu aux fraises

8 personnes

- 250 g de mascarpone
- 500 g de fraises
- 10 cl de kirsch
- 1 CS d'édulcorant cuisson
- 4 CS d'édulcorant
- 8 blancs d'œufs
- 16 biscuits à la cuiller
- 1 CS de cacao non sucré

Préparation **20 mn** • Macération **1 h** • Réfrigération **4 h**

1 Mettre le mascarpone dans un saladier.

2 Laver les fraises et les équeuter. Réserver les 8 plus belles pour la décoration et couper les autres en morceaux. Les mélanger dans un autre saladier avec le kirsch et l'édulcorant cuisson. Les laisser macérer pendant 1 heure. Au bout de ce temps, les égoutter en récupérant tout le jus. Faire bouillir le jus environ 2 minutes. Laisser tiédir.

3 Battre les blancs d'œufs en neige ferme. Fouetter le mascarpone avec l'édulcorant. Incorporer ensuite les blancs.

4 Tremper rapidement les biscuits à la cuiller dans le jus de macération des fraises et les poser au fur et à mesure dans un plat rectangulaire de 26 x 20 cm. Étaler sur le dessus les morceaux de fraises puis verser la crème au mascarpone.

5 Placer au réfrigérateur pendant 4 heures.

Délicieux également avec des framboises.

Weight Watchers propose depuis les débuts une méthode complète fondée sur le principe des réunions de groupe hebdomadaires, dont l'efficacité est désormais prouvée.

Les services Weight Watchers

Depuis quelques années, Weight Watchers s'emploie à diversifier des outils adaptés aux modes de vie actuels. Aussi, parmi tous ces services à votre disposition aujourd'hui, sachez qu'il en existe un qui est taillé à vos mesures.

Les réunions hebdomadaires (dans 540 centres Weight Watchers en France)

« Pourquoi assister aux réunions ? »
C'est la formule la plus classique pour suivre la méthode Weight Watchers. Bien sûr, elles ne sont pas indispensables pour parvenir à maigrir efficacement, mais elles ont fait leurs preuves. Un très grand nombre de femmes signalent que sans leurs réunions hebdomadaires elles n'auraient probablement pas tenu le coup, ne seraient pas parvenues à « garder le cap » toutes seules. Jean Nidetch avait bien compris que le combat contre les kilos excédentaires est difficile, pour ne pas dire inégal, et qu'en partant seule, on est beaucoup moins bien armée pour le gagner qu'en rejoignant les rangs de bataillons de personnes bien décidées, elles aussi, à en découdre avec leur poids ! Pourquoi ne pas les rejoindre ?

Les réunions Weight Watchers sont destinées à vous aider, à vous informer, à vous stimuler pour faire des progrès, à faire partager vos expériences, à vous soutenir quand votre moral plonge, à vous donner des conseils de tous ordres, à vous mettre à l'aise, à vous montrer que vous n'êtes plus seul(e). En un mot : elles vous facilitent le régime.

« J'ai peur qu'on me pèse en public sous les applaudissements (ou les moqueries) des autres. »
Mais enfin, dans quel siècle vivez-vous ? Ce vieux cliché a la vie dure, mais la pesée ne s'est évidemment jamais déroulée ainsi. Vous montez sur la balance avant la réunion, discrètement, en privé, et non pas en présence de tout le monde. Votre poids est noté sur la fiche de l'animatrice, qui pourra ainsi suivre votre évolution.

« Je travaille, et je ne pourrai pas assister aux réunions ! »

La majorité des femmes au régime, comme vous, ne peuvent pas se libérer dans la journée pour des raisons professionnelles. Aussi les réunions ont-elles lieu en début de soirée. Renseignez-vous pour connaître les horaires. Il y a forcément un jour et un créneau horaire qui vous correspondront !

« J'habite en province, dans un village… »

Il existe actuellement 540 centres Weight Watchers en France. L'un d'entre eux est forcément situé tout près de chez vous : près de votre domicile, de votre travail, ou dans le village le plus proche.

« Les animatrices sont minces : comment pourraient-elles me comprendre ? »

Vous avez raison, toutes les animatrices Weight Watchers sont minces. Mais savez-vous pourquoi ? Tout simplement parce que toutes ces femmes sans exception sont d'anciennes « grosses » qui ont perdu du poids grâce à la méthode Weight Watchers ! Elles ont été tellement convaincues par la méthode, tellement satisfaites d'avoir minci et de ne plus avoir regrossi, qu'elles ont décidé de s'engager auprès d'autres femmes concernées par ce

problème, comme vous. Leur atout : elles connaissent le programme de l'intérieur. Parce qu'elles ont connu vos luttes, vos doutes, vos déceptions, leur réussite sera aussi la vôtre ! Vous verrez, chaque conseillère porte un badge sur lequel sa perte de poids est indiquée : vous allez être étonnée, et certainement conquise.

Modalités pratiques

- L'inscription initiale, indispensable, coûte 17 €.

- Chaque réunion (hebdomadaire et d'une durée d'environ 30 à 45 mn) coûte ensuite 13 €. Vous pouvez, à tout moment, assister à une réunion sans obligation de vous inscrire.

- Si vous venez régulièrement chaque semaine, vous pouvez bénéficier d'un tarif fidélité : le prix de la réunion est alors de 9 €.

- Vous pouvez également choisir l'abonnement fidélité de 4 semaines (soit 4 réunions) pour 36 €.
  Comment m'inscrire ?

- En téléphonant au 0803 05 03 05 (0,15€ TTC/mn) pour connaître le lieu et l'heure des réunions hebdomadaires.

L'entretien individuel

Vous ne voulez absolument pas, ou ne pouvez pas, assister aux réunions hebdomadaires ? Weight Watchers vous propose un entretien personnalisé en tête-à-tête avec une animatrice. Celui-ci dure 15 minutes chaque semaine (à l'exception du premier entretien de prise de contact qui dure 30 minutes et permet d'exposer complètement vos difficultés et vos objectifs). Cette interlocutrice privilégiée, toujours la même, vous suivra rigoureusement pour vous aider à surmonter avec pragmatisme toutes vos difficultés quand vous en aurez besoin (réponses à vos questions, infos, trucs et coups de pouce). Par ailleurs, cette méthode conviendra parfaitement à celles qui souhaitent garder la plus grande discrétion.

Modalités pratiques
- Cette méthode est accessible sur abonnement seulement :
- 3 semaines : 60 €
- 6 semaines : 102 €
- 8 semaines : 132 €

  Comment m'inscrire ?
- En téléphonant au 01 30 45 56 56 si vous habitez Paris ou la région parisienne, ou au 0 825 05 03 01 (n° Indigo 0,15 € TTC/mn) si vous habitez la province.

La méthode par correspondance « Weight Watchers chez vous »

Pas besoin de vous déplacer : la méthode Weight Watchers arrive directement chez vous, et vous pouvez toujours téléphoner pour obtenir des conseils supplémentaires, ou poser des questions. Idéale si vous êtes retenue dans la journée par vos obligations, ou qu'à l'inverse vous voyagez beaucoup, cette méthode vous assure un suivi rigoureux de votre régime.

Quelle méthode choisir ? Si vous avez entre 3 et 5 kilos à perdre, choisissez la formule courte. Si votre projet est plus ambitieux, choisissez la formule longue (6 semaines), que vous pourrez prolonger par une seconde session de 6 semaines si besoin est, ou optez pour la formule complète pour tout avoir en une seule fois.

Modalités pratiques

- Formule courte (les 3 livrets « Coup de Pouce » + le livret « Point par Point » + 1 cadeau) : 45 €.
- Formule longue 6 livrets (suivi de poids + assistance téléphonique par une conseillère + 1 cadeau) : 100 €.
- La stabilisation pour chaque formule (6 semaines) : 24,25 €.
- La formule complète (12 livrets + la stabilisation + assistance téléphonique + calculette électronique + podomètre) : 135 €.
  Comment commander ?
- En téléphonant au 0 825 305 305 (n° Indigo 0,15 € TTC/mn).

La réunion en entreprise

Aux États-Unis et dans toute l'Europe, cette méthode de groupe qui se déroule sur le lieu de travail marche très fort ! Aussi est-elle désormais proposée en France. Une fois par semaine, une animatrice vous encadre pendant 1/2 heure, à l'horaire que vous aurez choisi. À vous de convaincre vos collègues de vous accompagner dans votre démarche minceur !

Comment m'inscrire ?

- En téléphonant au 0 825 305 305 (N° Indigo 0,15 € TTC/mn).

Comment obtenir n'importe quel renseignement sur Weight Watchers ?

- Par téléphone au 0 825 305 305 (0,15 € TTC/mn).
- Sur Internet, sur le site www.weightwatchers.fr

Index

ACCOMPAGNEMENTS

DESSERTS

ENTRÉES

PLATS

Index par types de plats

SOUPES

Index par ingrédients

Index par ingrédients

Index par ingrédients

Index par ingrédients

Index par ingrédients

Index par ingrédients

Index par ingrédients

Index par points

Index par points

Index par points

Index par points

Crédits

Recettes rédigées par :
Martine Barthassat, Aglaé Blin, Véronique Liégeois,
Marie-Caroline Malbec

Dessins réalisés par :
Dominique Lehault

Photos et stylisme Recettes :
Philippe Exbrayat

Photos Chapitres :
© Goodshoot ; © Photodisc ;
© B2M Production ;
© PhotoAlto ; © Imagesource ;
© ImageState

Shopping :
Porcelaine Yves Deshoulières - Apilco,
Villeroy et Boch

Mise en page :
Anne-Danielle Naname